超效率工作法

14天行动计划,反转你的一生

［日］金川显教 ◎著
舟慕云 ◎译

北京时代华文书局

图书在版编目（CIP）数据

超效率工作法 /（日）金川显教著；舟慕云译. —北京：北京时代华文书局，2022.4（2023.6重印）

ISBN 978-7-5699-4525-6

Ⅰ. ①超… Ⅱ. ①金… ②舟… Ⅲ. ①工作方法－通俗读物 Ⅳ. ①B026-49

中国版本图书馆CIP数据核字（2022）第035629号

北京市版权局著作权合同登记号 图字：01-2019-5987

SUGOI KORITSUKA
©Akinori Kanagawa 2017
First published in Japan in 2017 by KADOKAWA CORPORATION, Tokyo. Simplified Chinese translation rights arranged with KADOKAWA CORPORATION, Tokyo through BARDON-CHINESE MEDIA AGENCY.

拼音书名 | Chao Xiaolu Gongzuo Fa

出 版 人 | 陈　涛
责任编辑 | 薛　芊
执行编辑 | 耿媛媛
责任校对 | 凤宝莲
封面设计 | WONDERLAND Book design 仙境 QQ:344581934
版式设计 | 孙丽莉
责任印制 | 訾　敬

出版发行 | 北京时代华文书局 http://www.bjsdsj.com.cn
　　　　　北京市东城区安定门外大街138号皇城国际大厦A座8层
　　　　　邮编：100011　电话：010-64263661　64261528

印　　刷 | 河北京平诚乾印刷有限公司　电话：0316-6170166
　　　　　（如发现印装质量问题，请与印刷厂联系调换）

开　　本 | 880 mm×1230 mm　1/32　印　张 | 5.5　字　数 | 101千字
版　　次 | 2022年4月第1版　　　　　印　次 | 2023年6月第2次印刷
成品尺寸 | 145 mm×210 mm
定　　价 | 45.00元

版权所有，侵权必究

序言

本书可以让你用两周时间实践最强的"工作方式改革"

随着全球化发展和技术的快速进步，人们的工作方式自然也要相应地做出重大改变。不过，我对其间一系列的流程有些许看法：效率化最多只是一种手段，其本身并不能成为目的。

有关"工作效率化"和"生产力提高"是否为最终目标的论调很多，但就我们个人来说，应该如何应对呢？应该采用何种方式呢？这些对我们来说十分重要的问题并没有得到解决。

简单来说，减少加班时间是手段，而真正的目的是将不用加班的时间用于自身，实现自己期望实现的目标。比如，这段时间可以用来与家人共度，也可以用来重新走进大学，学习和研究自己从小就很感兴趣的领域。

大家一定要明白，手段和目的不能本末倒置，否则将眼睁睁地看着时代变革的机遇从眼前溜走。我认为,在"工作方式改革"和"工作效率化"中,如果完全被动地接受上司的命令去做,是非常可惜的。

说得极端一些,"工作方式改革"并不是为了公司,而应该是为了自己。

为了将来的自己,现在应该做什么呢?

当翻开本书时,你真正想做的是什么呢?

上面向你介绍的才应该是真正的目的。如果没有明确这一点,那么结果就是实现效率化和改变工作方式的努力也只是暂时性的,无法长久。

现在人类的平均寿命越来越长,预计不久的将来可能要工作到七八十岁。倘若真是如此,我们应该做好准备以应对这一形势。所以,必须尽早明确真正的目的,这已经刻不容缓。

假如你是一名公司职员,已过而立之年,每周工作5天,月收入25万日元。每天,你在上下班高峰时挤电车,从早上9点开始工作,晚上还要加班至21点,然而工资几乎不涨,也没有属于自己的时间,家里有两个孩子要抚养,所以也不能辞职……现状是工作占据了你生活的全部,但你的内心一定有想实现的目标和愿望。比如,希望跳槽去新公司从事更有意义的工作，希望在现在的公司出人头地，希望在工作上做出成绩以增加收入，希望月收入达到100万日元，希望选择喜欢的事情创业，希望移民国外，希望可以灵活安排自己的工作时间，希望学习新东西……越多越好，越具体越好。

接下来，在笔记本或不用的A4纸背面正中间画一条线，直接将自己的现状写在左侧，将自己的理想写在右侧，然后在右侧的目标中加入起止日期。

你应该能写出很多吧。

如果想不出自己希望做哪些事，你也可以写出不想做的事。如不想和大家一起挤电车、不想加班、不想在讨厌的上司手下工作，这些都可以。

这样就可以看出，现在的自己和将来希望成为的自己或者不希望成为的自己之间的差距。弄清楚要弥补差距自己应该做什么，真正的目的就会变得更具体、更清晰。

这里的重点在于目的是因人而异的。

对我来说是重要的事，对你来说并不一定重要；我所希望的工作方式也未必是你所希望的。也就是说，每个人都应根据自己的期望和需求，认真地探索未来适合自己的工作方式。

不迈出第一步，不会有成果

首先一定要付诸行动，否则不可能有成果。

要完成的是工作的效率化、工作方式的改革，而第一步就是"行动重于思考"。

我认为，自己现在能够高效率地取得成果，正是缘于积极地将想法付诸行动。我在高中时期，学习成绩很差，高考也名落孙山，经过一年的复读才考入立命馆大学。读大学的时候别人都说我不可能通过注册会计师考试，但在大学四年级的时候我通过了。在外资德勤审计公司从早到晚的忙碌工作中，我着手准备创业，事业也慢慢步入正轨。这些都是下定决心真正行动起来之后才取得的成果。

人们常说："能迅速将想法付诸实践的人可以获得一切。"

我并不比大家优秀，自身的能力也有所欠缺，当年经过复读才好不容易考上大学，所以我明白，自己的水平也许比别人低。但也正因为明白这一点，所以我会比任何人都追求效率化，会将想法马上付诸行动，并不断进行验证、改进。说自己一直以来都在研究如何才能在最短的时间内取得成绩，那是毫不夸张的。

如果把第一步看得过于沉重，就会无法开始实际行动，只会浪费时间。犹豫时，你不妨尝试先做做看，这样的决心非常重要。

⏰ 没有取得成绩的人，不是"不知道方法"，就是"没有去做"

也许你会觉得自己不是那么优秀，虽然尝试去做，但是很多时候并不顺利。以我之见，进展不顺利，没有取得成绩的人几乎都源于这两个原因：（1）没做；（2）方法不正确。也就是根本没有做，或者虽然做了但是方法不正确。

比如，你希望在众人面前做一场精彩的演讲，但演讲结果事与愿违。这一定是因为你事先没有练习怎样表达，或者表达方式有问题。同样，如果希望快速完成工作、希望马上取得成绩的想法无法实现，那么一定是因为你没有付诸行动，或者方法不正确。

此外，我经常听到"能够取得成绩的人本来就很优秀、能力比我强"这样的论调，其实这是毫无道理的。坦白地说，我也曾这样想过，认为人与人的能力有高下之分，这是无法改变的。但实际上,工作高效的人与普通人相比,能力上并没有多大的区别。

工作高效的人始终比他人行动迅速,做得多,失败之后马上改进,做好准备工作,这样双方就产生了决定性差距。

不需要能力有多强,只要采用正确的方法,就一定会看到成果

首先,请确认自己做没做,即是否尝试有效率地工作。如果没有行动,就应该先尝试去做。这是毋庸置疑的第一步。

请有意识地按照"做或者马上做"的思路去判断,而不是"做或不做"。

迅速采取行动,有可能很顺利,当然也有可能不顺利,此时一定要分析顺利或不顺利的主要原因。我会在心中有五成把握时就开始行动,但过程中一定会进行检查,将成功的主要原因模板化、手册化,解决导致失败的主要问题,减少浪费,采取下一步措施。通过将整体结构化,最终思想和行动都会发生改变,这样可以轻松地取得成绩。

对每个人来说，这一系列过程都是相同的，不需要特殊能力。

相反，自己尝试了，也付出了很多努力，却没有取得一点儿成绩……如果是这样，就应该考虑方法是否有问题。

本书除介绍工作时的效率化思维外，还会详细介绍工作之前的准备和基本条件的完善等方面的技巧。

原因在于，即使全力以赴地工作，如果没有良好的工作环境，效率也不会太高，无法在短时间内取得成绩。

很多人希望在工作中取得成绩，但是如果事前准备不够充分，工作进度就会出现偏差。

比如，电脑操作人员如果在操作时用好快捷键、词语预设、盲打等技巧，一天的工作时间就可以缩短两三个小时；如果不使用，无论多么努力，效率都会很低。

相反，即便掌握了所有技巧，实现了作业高速化，如果处于睡眠不足而导致身体不适、无法充分发挥实力的状态，也无法实现目的。

综上所述，如果采用了错误的方法，即使再努力，也不会取得好的成绩。因此，要改变思维和方法。

通过两周的学习改变你的一生

在第 1 天至第 4 天,本书具体介绍如何完善工作时所处的各种环境。特别是电脑,作为现在工作中必不可少的工具,如果对相关环境认真进行改善,工作的高效化一定是显而易见的。

早晨和夜晚做好准备工作,可以让之后的工作实现效率化。这是必须要做的,所以放在第 1 天进行介绍。任何职场人士经过实践都可以取得显著的效果。

之后的第 5 天至第 11 天介绍有关实际工作中的效率化技巧。这里的内容将脱离常识性的效率化思维,为你介绍我实践有效的各种"超效率"方法。比如,采用"CAPD"而不是 P(计划)、D(执行)、C(检查)、A(行动),即从检查开始循环的思维;用一行文字记录检查的方法;制定"不执行清单"确定不做的事情,代替执行清单。

让所有职场人士都有意识地进行信息收集和时间管理,其实有一种非常高效的方法。本书将毫无保留地向你介绍这些内容。让我们现在马上改变自己的思维,努力在短时间内取得最优异的成绩吧!

最后,从第 12 天至第 14 天,本书将关注多数职场人士容易忽视的工作之前的基础部分。无论工作技巧提高多少，如果没有健康的身心作为基础，也无法发挥出 100% 的实力，而最终拉开差距的往往正是这一部分。

如果你能够认真学习 14 天并且全部加以实践，很可能在短短两周的时间内找到实现理想自我的方法。起初可以从力所能及的事情开始。无论是谁，只要一步一步地积累、改变，都可以不断地提高效率。

如果能够掌握所有的内容，你就掌握了能够快于所有人取得成果的技巧。你的一生也会改变！所以不要犹豫，现在就开始。不要只是想想而已，马上来读这本书，在其他人之前开始实践书中所写的内容。

努力的痛苦只有一瞬，而努力的成果可以让人受用一生。

请从现在这一刻开始实践 14 天，让你的未来更充实、更有意义！

目 录
CONTENTS

第 1 天　创造固定的地点和时间　　001

重新打造一个自己家以外的工作地点 ／ 如何创造可以每天集中注意力的环境 ／ 创造一个可以时刻在此工作的专属座位 ／ 只需早晚各 30 分钟时间 ／ 以 10 分钟为单位完成任务 ／ 严格执行早晚的流程，不要仅停留在思考阶段

第 2 天　彻底完善电脑环境　　012

贯彻无纸化 ／ 不需要纸质记事本的真正原因 ／ 将信息全部整理到云端 ／ 将笔记和日程安排全部整理在谷歌上 ／ 数据要"同步"，否则没有价值 ／ 如果希望实现效率化，那么要专注于"同一台电脑" ／ 更换电脑的合适频率

第 3 天　基本实现操作、输入自动化　　022

盲打到达极限后，世界将会改变　/　合理运用快捷键，立即提升工作效率　/　实现快速输入的秘密技巧　/　不要用鼠标进行滚动和指定范围　/　至少设置好 100 个词语　/　省略日常大部分输入的奥秘　/　时刻留意寻找最佳方法，不要墨守成规

第 4 天　时间的断舍离　　035

同样的 24 小时如何取得更多成果　/　去便利店是对时间的极大浪费　/　不要在 ATM 机上取钱　/　不带钱包，用一张卡统一支付　/　尝试体验没有电视的生活　/　学着放下手机

第 5 天　运用 CAPD 法则　　045

想要迅速取得成果，要采用"CAPD"，而不是"PDCA"　/　失败的话就谈不上评价了　/　评价要针对已经取得成果的人　/　评价"自己""成功的人""失败的人"　/　从书中找出共同点

第6天　让人变聪明的"分条记录法"　054

将评价浓缩在一行以内，一定要简洁 / 单纯罗列分条内容没有意义 / 目的是明确整体情况 / 加入固有名词、期限、否定等词语，让内容更具体 / "分条记录法"可用于所有工作场合 / 写出反省点＋提示和建议 / 不要忘记成功体验的加分点

第7天　列出不做清单　066

TO DO 清单会使工作永无止境 / 快速完成工作的三个条件 / 确定不做的事情即可实现效率化 / 一定要想方设法减少工作的绝对量 / "不做"比"做"更重要 / 任务管理排列出先后顺序，并立即落实到日程中

第8天　不要逞一己之能，要借助团队的力量实现效率化　077

把自己的工作放在后面，优先处理他人交予的工作 / 一定要用开放式问题询问进度 / 将工作交予别人可以实现效率化 / 建立沟通是重要的工作 / 记录团队的沟通内容 / 传达信息时通过文章＋直接"说两次"来防止失误 / 让人准确无误地行动的秘诀

第 9 天　50% 时当机立断开始　091

放弃"完美主义"，从"随意主义"开始　/　从"先做做看"开始，会更容易取得成果　/　"边行动边思考"的意识可以提高工作速度　/　当机立断的要点是在中途修正轨道　/　回复邮件时不要考虑超过 10 秒

第 10 天　超效率信息收集术　100

最能提高技能的方法是读书　/　阅读时一定要记笔记　/　需要相同比例的输入和输出　/　难以集中精力时通过音频学习　/　真正的学习在恳亲会，而不在研讨会

第 11 天　超效率时间管理术　110

用自己决定的计划排满日程　/　确定目标并逼迫自己完成，就可以抵制住诱惑　/　为浪费的时间付钱，养成时薪思维　/　时刻保持时间观念，锻炼效率化思维　/　重新审视散漫随意的日常生活，将其当作新体验的场合　/　珍惜时间的"当机立断"练习

第 12 天　打造极致睡眠　122

"表现"="技能"×"状态" ／ 睡眠不足的人更难完成工作 ／ 早晨的活动中蕴含着很多机会 ／ 不妨花重金购买舒适的床垫 ／ 选择好寝具是为了更好的表现投资 ／ 不要穿运动衫——睡觉时的穿着也要重视

第 13 天　注重饮食和运动　134

通过合理的运动习惯保持体力 ／ 事先决定要吃的食物 ／ 工作能力强的人爱吃肉多于碳水化合物 ／ 聚会喝酒后的第二天怎样减轻对身体的伤害 ／ 只要按部就班去做，一定可以改变饮食习惯

第 14 天　使沟通效果最大化　143

通过打造个人品牌吸引粉丝 ／ 能够轻松掌握的一技之长是什么 ／ 学习人们喜欢的一技之长可以实现差异化 ／ 任何人都能立即对好吃的餐馆如数家珍 ／ 怎样成为深受好评的职场人士

结　语　153

第 1 天　创造固定的地点和时间

⏰ 重新打造一个自己家以外的工作地点

首先,让我们来完善你的工作环境。我所实践的最容易的方法就是"改变工作地点"。

具体做法就是在早间和夜间准备一个公司和家以外的个人专属地点。

我在德勤会计师事务所从事审计工作时,与一个伙伴一起出资租下了一间办公室。备考注册会计师时手头很拮据,于是每天早晨去咖啡厅,晚上去麦当劳。

为什么要打造一个新的工作地点呢?

原因在于可以养成新的习惯。

首先,对于大多数人来说,家是"放松的地方"。

结束一天的工作回到家后,几乎没有人可以依然保持十足的干劲又投入学习。这是因为大多数人的身体平时已经养成了习惯，回到家后自动进入放松的模式。

泡澡时就算想认真梳理一下工作上的事情，也很难做到吧？毕竟，浴室是洗净身体的地方，而不是工作的地方。

同样，我认为从以往的习惯来看，回到家后即使勉强进入工作和学习模式，也很难集中精力。

当然，这种情况也因人而异。有人在自己的家里也可以集中精力完成工作。比如有人自己住，或者虽然和家人同住但是会比他们早些起床，这样就可以在家中进行早间活动，并非所有人都做不到。但是至少对于我来说，在家中是无法完成早间活动的。

因为我清楚自己回到家后根本不会工作，所以在创业时把水床带到了办公室，在那里睡觉。

一个人生活的我尚且如此，如果是已经结婚生子的人，想在自己家里完成工作应该更难吧。

刚拿起书爱人就和你闲聊、孩子跑来跑去嬉笑玩耍……这样的环境下根本无法完全集中注意力，最终结果就是浪费了时间却无法得到想要的结果。

如何创造可以每天集中注意力的环境

这个问题应该如何解决呢？我的想法是，即使花点钱，也要有一个自己家以外的个人专属地点。这会有决定性的作用，可以让我们获得切实的好处。请你一定要尝试。

也许你会觉得租下办公室有些小题大做，无法做到。那也可以早晚去咖啡馆，普通的上班族应该都可以做到。

原来我租下的办公室也不过每人每月18000日元，作为自我投资来说也不是很贵。如果多找找，应该会发现有很多便宜的共享办公室。

我当时租的办公室非常便宜，所以空间有限，除了桌子和椅子，其他什么东西都没有，非常简陋。能够在此耐得住寂寞也是一种很好的锻炼。

之所以这样说，是因为工作能力强的人通常都是孤独的人。如果想比别人做出更好的成绩，需要坚持为人所不为。别人休息或娱乐的时候，他们一定在某个地方孤独地工作。

因此，在别人娱乐的时间和睡觉的时间，离开家人和同事，忍受孤独，进行早间活动、夜间活动，可以说是成为一流人才的第一步。

将工作地点安排在外面的一大优势就是可以减少选择。

待在自己家里有很多事情可以做。

随手按下开关就能看电视；想要泡澡的时候马上就能躺进浴缸；肚子饿的时候随手打开冰箱，有各种食物可以选择。如果有信心能够抵挡住这些诱惑，集中精力孤独地完成工作，也可以在自己家工作。

但是，一般来说很少有人可以做到日复一日的坚持。所以，要减少选择，让自己完全没有机会做这些事情。

这样就可以养成每天在一定时间内集中精神的习惯。我们首先应该做到的就是养成习惯。

创造一个可以时刻在此工作的专属座位

下面为你介绍不租办公室，在某家店里创造个人专属工作地点的方法。

不必苛求必须是什么店。可以是咖啡馆，可以是麦当劳，也可以是晚上独自一人去的居酒屋。

相比店的类型和地点，我认为能够确保有自己专属的座位更重要。即有"我总是坐在这里"的"我的座位"的店。

我自己在京都读书的时候经常去 veloce（一家咖啡馆），把二层最里边的座位作为"我的座位"。

那家店的座位间隔比较大，坐在最里边、背对旁边的座位，可以形成不被任何人看见的"自习室"状态。

即使旁边有人坐，我也可以一边听音乐一边学习，也不会受到别人聊天的影响。

能否在听音乐的时候集中精力因人而异。但是，如果旁边的情侣在谈情说爱的话，人总是会有好奇心，相比之下还不如听音乐。

前文中我提到很重要的一个问题就是养成习惯。

即工作地点不可以变来变去。今天这家店，明天那家店，如果去的地方太多，最终一定会半途而废。

拥有自己专属的座位后，可以养成几乎每天一定要在同一时间前往同一家店的习惯。

如果总去一个地方觉得有些厌烦，可以早晨和晚上去不同的地方。我在上学的时候，早晨会去 veloce，晚上则会去麦当劳，因为咖啡馆的关门时间太早了。

而且每次都会点相同的东西。比如早晨经常点冰茶和一个三明治；晚上在居酒屋工作的话，一般会点一杯啤酒。将每天程式化，让自己在这段时间内集中精神。

应该让身体养成一种习惯，意识到"来这里是为了工作"。

所以，最初一段时间即便无法集中精神，也要营造出必要的环境：每天来到同一家店点相同的东西，坐在属于自己的座位上。

只需早晚各 30 分钟时间

早间活动和夜间活动的时间各 30 分钟即可。这个时长，即使是忙碌的上班族应该也可以挤出来吧。

也许有人会想："仅此而已吗？"可能会觉得好不容易改变地点创造专门的时间，却只有 30 分钟，比通勤时间还短，什么也做不了。

但是，只要能长此以往地坚持下去，哪怕每天早晚各拿出 30 分钟在自己的专属地点集中精神，工作一定会比现在更有效率。

有人可能会认为:"想学习的话,可以在通勤时间内完成。""有那个时间不如加班,也许能更好地完成工作。""回家后睡觉前读 30 分钟的书不可以吗?"那么请问这些人,如果在学习和工作上的付出与别人一样,会取得比他们更好的成绩吗?

答案显然是否定的。如果想要取得比别人更好的成绩、比别人更高效的工作,为人所不为才会更有效。

也许你会认为 30 分钟太短了,但是,如果每天都可以坚持完成的话,人生一定会发生重大的改变。

相反,如果超过 30 分钟,可能会查看一些无用的信息,会无法集中注意力。因此请不要超过 30 分钟。绝不能从早晨开始就让自己过于疲惫,给本职工作带来影响。

例如,收集信息的时间,如果花费 30 分钟以上甚至好几个小时,可能会感到疲惫,变得懒散,30 分钟以下又无法收集足够的信息提高自己。

也许有人会觉得,想要收集信息,可以在通勤的时候浏览网页和书。但是电车中杂音太大,根本无法集中精神。早高峰拥挤的满员电车中也很难找到座位,站着阅读也很困难。

所以，在自己的专属地点花费 30 分钟时间，从结果上看可以更有效率地完成工作。

⏰ 以 10 分钟为单位完成任务

那么，早间活动和夜间活动具体应该做些什么呢？首先是"信息收集"。完成这个项目，工作可以变得很快。

直接向别人学习是最好的信息收集方法，而书中也归纳整理了很多信息。因此早间进行快速"浏览"也不错，注意是"浏览"，而不是"阅读"。

不同于所谓的"速读"，这里所说的"浏览"几乎没有阅读，而是"速看"。大概了解一下"前言"和"结语"，然后查看目录、加粗字体部分和总结，这样的话 10 分钟就可以结束。

在之后的早间活动中，考虑"如何快速地完成今天要做的工作"，即明确应完成的任务，为最短时间内以最快速度完成当天的工作做好准备。

详细的做法在第 2 天的内容中介绍，其中一点是列出"不做事情清单"，而不是应做事情清单。另外，要写出"CAPD"

的要点，而不是 PDCA 的要点。这些各花费 10 分钟。

总结起来，"信息收集"和"列出不做事情清单""CAPD 确认"分别花费 10 分钟，这些就是早间活动的内容。

夜间活动也是如此，以 10 分钟为单位做其他的事情。

信息收集方面，将早间阅读的书中感兴趣的要点记录在电脑或手机中，或者重读不明白的部分。基本上在此阶段读完这本书，之后不必再读。

无论如何繁忙，这种方法都可以确保每天阅读 1 本书。我有意识地增加阅读量，即使是在会计师事务所工作非常忙碌的时期，也曾在一个月内阅读了 100 多本书。而且至今仍保持这种习惯。

很多人也知道必须读书，但是没有时间。让我们通过早间活动、夜间活动养成每天必读 1 本书的习惯吧！

然后是夜间活动的"列出不做事情清单"和"CAPD 确认"，为了尽早完成第二天的工作，要围绕当天的改进点和反省点进行。

其他要做的还有将在第 3 天的项目中介绍的快速操作电脑的内容，这是为了实现效率化。如果打字慢的话就要练习打字、掌握快捷键、录入单词等，10分钟即可。

我自己在刚刚步入社会时，非常不擅长电脑操作。经过每天10分钟的练习，很快就超过了其他人。效果是立竿见影的，所以推荐在最开始完成这一项。

严格执行早晚的流程，不要仅停留在思考阶段

有的人太忙了，无论如何也抽不出一个小时的时间；有的人因为家里的原因晚上必须早回家。如果是这些情况，在早间或夜间抽出至少30分钟时间也可以。

即使每天只有30分钟，只要创造新的工作地点，为提高工作效率做好准备，纳入每日的流程，经过数月的时间，工作上一定会有很大的改观。

刚开始时按顺序完成本书中所写的内容即可，也可以只练习打字和读书。养成习惯之后，就要有意识地以10分钟为单位切换内容。

有时也很迫切希望提高工作效率，想多学一些东西，但最

后还是会放弃。

所以在思考要做些什么之前，首先要完成每天的早间活动、夜间活动，并不断重复循环。

但是偶尔还是会有晚上要和朋友聚会喝酒而无法完成夜间活动的时候。此时，可以在完成 30 分钟夜间活动之后，晚一些去参加聚会。

虽然迟到了 30 分钟或 1 小时，但还是参加了。如果打算 18 点到 20 点聚会，结束之后再进行夜间活动……虽然计划得很好，但是往往会事与愿违，因为通常来说社会人的聚会很难按照计划的时间结束。

或者，如果是自己组织大家聚会，也可以定在 20 点或 21 点开始，而不是通常的 18 点。关键就是养成完成夜间活动之后再去聚会的习惯。当然，结束后又去喝下一场是没有必要的。

第 2 天　彻底完善电脑环境

⏰ 贯彻无纸化

接下来让我们完善实际工作中职场的环境。这里首先应该完善的就是电脑环境。

在现代社会，说到工作就不能不提电脑。也就是说，电脑是主要的工作工具，甚至可以说，提到工作工具的时候只考虑电脑即可。

从这一点来看，我认为研究纸质文件的整理技巧和记事本的效率化完全没有必要。

现代的一般工作，如果愿意的话，几乎全部都能以无纸化的形式进行。因此，如果有时还会使用纸，请现在马上贯彻无纸化。

可以说现在已经进入数码社会，使用纸是没有效率的。

原因之一就在于用纸张无法搜索信息。

从我的经验来看，纸质资料会越积越多，在积攒的过程中却不会被再次查看。大家想想，一两个月前的资料之后再看过吗？恐怕都没有吧。由此可以看出，很多信息即使保留了纸质版本，也只是在当时看看，这无疑会造成很大的浪费。

资料中一定会有重要的关键词或重要的信息。而大家最终却不会去看，因为再次搜索起来太麻烦。考虑到这一弊端，应该以数据形式保存，而不是纸张。这样就可以进行搜索，在需要时瞬间找出来。

另一个原因是无法同步。

无法同步等于难以共享。

如果实现了共享，自己不在公司的时候也可以查阅，在公司时也可以与同事共享信息。当然，纸质版也可以复印，但是要花费不少时间，非常麻烦。

如果对资料进行无纸化处理并将其保存到电脑里，分享时只须通过邮件发送即可。如果有需要，打印出来也很简单。

不需要纸质记事本的真正原因

不仅工作中如此，从个人使用的角度来看也是一样，纸的缺点很明显。因此我推荐贯彻无纸化。

也就是不使用记事本或笔记本，记笔记时全部使用电脑或手机。

记事本的缺点在于必须随身携带，否则就无法发挥作用。

道理很简单，因为一旦忘记带记事本，就无法确认当天的计划。但是，如果把计划加入谷歌日历，那么就可以通过手机随时随地查看。即便忘了带手机，也可以在电脑上确认。

此外，原来的记事本也无法随时查看。当年的内容还可以翻回去查找，但一年前的情况写在之前的记事本上，无法立即对照。如果是谷歌日历，一年前一年后的计划都可以确认。

最后，记事本最大的缺点在于如果丢失会有很大的风险。

如果记事本遗失，可能会被别人轻易地看到信息。如果没有找回来，这些信息也就无法复原了。

也就是说，一旦丢失就会造成很大的麻烦，我觉得这太危险了。

另外，我是不需要名片的一派，自己平时也不会使用。

工作中收到名片时可以存入应用。这样经过搜索就可以找到，非常方便。

手写派此时可能很难接受完全无纸化。最好的方法是因人而异，不同的人可以根据自己的习惯使用记事本或笔记本。

如果不使用记事本或笔记本，可以减少外出时要带的东西。无论身在何处，只要有电脑或手机就可以进入工作状态，最终不就可以实现工作效率化吗？

将信息全部整理到云端

那么，完全无纸化时应该如何使用资料和信息呢？

在大多数公司中，必须使用纸的情况基本上没有了。

我在会计师事务所工作时，必须审阅大量的决算报告和有价证券报告等文件，几乎全部实现了 PDF 化，没有看过纸质资料。

会将这些资料打印出来的几乎全是有点年纪的人。有的公司的资料可能会超过 100 页，与其全部形成纸质资料，不如将需要的信息制作成 PDF。希望查阅某董事的信息时可以进行检索，马上就能查阅到，这样显然更方便。

虽说如此，也不必将所有的资料全部制作成 PDF。

员工一定会收到纸质文件，例如会议资料等，这种情况下没有必要一一扫描制成 PDF。

实际上会议资料在以后几乎没有再次使用的机会。所以，如果在会议上收到纸质资料，如果有笔记本电脑就记在电脑上，没有的话就记在手机上，只记录重要的内容即可。

经常有人将笔记记在分发的纸质资料上。当时看起来的确非常清晰明了，但是如果考虑到以后用起来方便，最好还是从一开始就在电脑上整理为数据形式。

综上所述，将信息全部以数据的形式整理到云端是最重要也是最基本的工作。

将笔记和日程安排全部整理在谷歌上

上文写到在电脑上记笔记，我并没有使用特别的软件和应用程序。

我所使用的服务几乎都在谷歌上，因此记笔记也会频繁地使用谷歌的笔记功能。相比启动 Word 等程序更快捷。

Word 文档需要启动，而笔记则只需最开始打开一次界面，之后就可以输入和搜索，非常方便。

例如，在碰头会上标上标题，在这个标题下记笔记。之后查询时，只要进行搜索，就可以立即得到需要的内容。手机和电脑可以看到相同的内容，因此我基本上都会将信息整理在这里。

此外，我还会使用谷歌日历管理日程，代替记事本。

如此一来，在上下班或者外出的时间也可以轻松地加入或者确认计划。在日程管理上不必花费很多时间。

这已然成为常识。如果你是销售人员，需要频繁外出，只需将目的地的地址复制到计划的笔记栏内，谷歌地图即可立即确认地点。原本就有很多内容会使用邮件沟通，只要将邮件内容复制到笔记栏内就不会出错。

如果把邮件打印出来，或者将计划和地址记在记事本上，搜索地点会花费不少时间，而从一开始便整理在谷歌日历上的话，不必打印也不必搜索邮件，因此也不会浪费时间，是不是很不错呢？

数据要"同步",否则没有价值

前面已经写了很多无纸化、IT 化的推荐内容。我们还要明白,将所有内容数据化固然重要,但更重要的是让这些数据"同步"。

即无论有多少数据,只保存在自己家的电脑或保存在公司的本地环境中几乎没有意义。

说得极端一些,数据不同步的话,其价值与纸质资料并无差别。主要原因在于几乎无法使用。

当然,相比纸质资料,应该可以说用起来会方便一些。但是,如果没有同步,优势甚微。我之所以将信息都整理在谷歌上,正是因为信息会立即同步到电脑和手机上,可以随时查阅。

从这点来看,如果公司的电脑是 Windows 系统,而自己家的电脑是 Mac 系统的话,对效率化会有一些影响。

此时将系统统一为一种当然是最好的。理由显而易见,因为和同步数据一样,电脑作为工具使用时,如果无论在哪里都能按照相同的方法使用,这样工作起来才最快捷。

如果公司的电脑是笔记本电脑,直接带出去使用是最好的。

不过,很多情况下出于安全上的考虑不允许外带,或者公司的电脑是台式机，不能外带。因此在自用电脑中，至少保留一台与在公司工作时使用的电脑是同一厂家同一型号的电脑——最理想的电脑是使用环境一样的电脑。

如果希望实现效率化，那么要专注于"同一台电脑"

为什么要强调同一台电脑呢？这是因为现代职场人士是否能够用好电脑，决定了工作是否能够快速完成。

贯彻无纸化后，当电脑成为唯一的工作工具时，工作的速度基本上取决于操作电脑的速度，这样说毫不为过。

因此，效率化首先应该重视电脑环境。如果不重视唯一的工作工具电脑，工作起来应该不会很快。

如果系统既有 Windows 又有 Mac，机型既有台式机又有笔记本，键盘的位置和快捷键各不相同，操作起来会很慢。

如果全部是同一类型，用起来会很顺手，因此无论身在何处都可以顺利地完成同样的工作。你可能会觉得这样有些夸张，但重视这个问题却是实现效率化的第一步。

因为键盘的排列和鼠标的不同会导致输入变慢。以一天为单位来看，也许看不出什么差别。但是这导致了原本只需要一个小时的打字时间变成了两个小时，如果用这一个小时的时间去做新的工作，业绩可能会不断提高。

也就是说，机会是一天一天溜走的。我希望大家能够意识到时间一去不复返，珍惜每一天。

更换电脑的合适频率

为了彻底实现加快电脑操作，应该半年左右更换一次电脑。

这是因为随着电脑不断劣化，运行会变慢。也许你没太在意，但一年更换一次其实已经很慢了。

我操作台式机时只要感觉稍微变慢，就会立即更换新机。

也许你会觉得外观几乎没有变化，也不是新机型，同样的电脑购买好几台是在浪费金钱。但是以我的观点来看，只能说这样想的人没有充分认识到时间的价值。

如果电脑运行变慢，导致一天的工作时间延长了一个小时。以公司员工的小时工资来换算，1小时大概是2000日元，仅工作日每月就会损失约 4 万日元。假设每天都会使用电脑，小时工资是 3000 日元左右，一天慢两个小时的话，每个月就会损失约 12 万日元。这样看来，更换新电脑还是非常合适的。

大多数人都会一直使用一台电脑，直到它坏掉。但电脑这种工具并不是只要还能使用就可以的。请把电脑视为消耗品。

所以，每半年必须更换电脑，可以事先确定购买的时间。例如，在冬季和夏季的奖金发放后更换。

其实旧电脑可以卖到不错的价格，以旧换新并不需要花费很多钱。使用新电脑时，就算是打开或关闭窗口这样的简单操作也可以明显感受到速度的不同。如果是自己的电脑，一定要经常更换。

不过，公司的电脑不可能轻易地更换，所以要定期维护，尽可能地提高速度。

每三个月一次将不需要的文件统一删除，使用维护软件进行清理。除此之外，平时还要留意清空垃圾箱，升级软件。

电脑作为重要的工作工具，对其进行维护非常重要。请记住，当疏于维护时，工作的速度就会产生差距。

第 3 天　基本实现操作、输入自动化

盲打到达极限后，世界将会改变

电脑环境整理完成后，接下来就是提高操作速度了。

无论是制作资料还是回复邮件，输入和系统、软件操作本身的不断累积决定了工作的速度。现在已经没有不会使用电脑的职场人士了。既然每个人都会用，如果操作方法与他人一样的话，就谈不上效率化了。

基本操作大家应该都可以完成。但在此基础上是否了解更好的使用方法，是否能够运用自如，对于日常工作的速度有着很大影响。

首先是打字的速度，能够做到一定程度上的盲打是必须的。

用一只手指打字的人就不说了，我还经常看到有人用自己的方式打字，输入速度非常慢。这些人应该首先认真地练习打字，

掌握盲打。

在网上搜索"打字软件",会出现各式各样的练习软件,请选择自己喜欢的软件在早间活动、夜间活动中尝试进行特训。我在刚刚步入社会时完全不会打字,所以使用"特打"和"僵尸"等射击类软件,像玩游戏一样集中地练习过。

可以在早间活动、夜间活动中拿出 10 分钟进行练习。如果无法每天练习,能每周练习一次也会有效果。

所有的工作都需要输入,所以如果不会盲打,一定要立即使用软件练习。只要有次数的积累就会看到效果,有什么理由不去做呢?

合理运用快捷键,立即提升工作效率

让盲打达到极限也是一种有效的方法。实际上真正用电脑工作非常快的人还掌握了除打字以外的技巧。

其中之一就是快捷键。其实这一点非常重要,所以希望提高工作效率的人一定要掌握。

你是否看到过有人操作电脑的准确度和速度非常惊人?这些

人几乎毫无例外地不会使用鼠标和触控板，只是噼里啪啦地敲打键盘，就可以完成绝大部分操作。

如果能在平时养成使用快捷键的习惯，那么大家也可以成为这样的电脑达人。实际上，使用快捷键能实现的功能要超过我们的想象。

打开新文件、滚动、选择文字复制粘贴……如果每次操作都不是用鼠标选择菜单并不断地按下鼠标，而是将手放在键盘上完成所有操作，那么操作时间可以缩短数秒。

不要轻视这区区几秒的差距，如果继续按照老习惯使用鼠标操作，那么几秒的时间积少成多，一天的作业速度就会出现明显差距。如果希望提升电脑工作效率，就要强迫自己有意识地使用快捷键。

主要的快捷键一览在书本和网上都有总结，可以查阅并记下来。有的人一到使用时就会忘记，对于这些人，我推荐将内容设为"壁纸"粘贴到电脑里。

从网上可以下载各种设计的壁纸，可以先一边看快捷键一边完成每天的工作。在这个过程中，使用快捷键就会变得自然而然，习惯之后就可以不用鼠标完成大部分工作了。

这里介绍一些我经常使用的快捷键（公司的电脑大多数是

Windows 系统，所以这里介绍 Windows 系统的快捷键操作）。

首先是大家可能已经知道的与 Ctrl 键组合的 8 种操作。

Ctrl+A　全选

Ctrl+C　复制

Ctrl+X　剪切

Ctrl+V　粘贴

Ctrl+Z　撤销

Ctrl+S　保存

Ctrl+P　打印

Ctrl+W　关闭程序

这 8 个快捷键几乎可以说是常识，会经常用到。所以，如果你现在是从菜单开始完成操作的话，请改为用快捷键来完成。

我经常使用的快捷键还有以下几个：

Win+D　显示桌面

Win+L　锁定电脑

Alt+Tab　多窗口切换

Esc　取消

F2　重命名

在工作中可能会同时打开多个文件,掌握能够瞬间显示桌面、切换窗口的快捷键至关重要。

此外,工作的时候经常会有去洗手间或开会等离开座位的情况。从安全角度来说,锁定电脑已经成为常识,所以一定要掌握随时能够通过快捷键一键完成的技巧。

取消和修改文件名虽然很普通,却是很常用的操作。用鼠标点击操作起来很烦琐,因此最好养成使用键盘的习惯。

实现快速输入的秘密技巧

我特别希望大家掌握的快捷键是输入时要用到的键。

无论是文件还是邮件都需要输入文字,因此是否能够掌握这一技巧会让作业时间有很大不同。

首先,请掌握使用快捷键转换文字类型。

Ctrl+Shift　输入法切换

Ctrl+ 空格　中英文切换

Shift+ 空格　半 / 全角切换

除此之外，转换文字字体的快捷键也很方便。

Ctrl+B　加粗

Ctrl+U　下划线

Ctrl+I　倾斜

如果是从菜单中选择"字体→字形"，需要两次鼠标操作，这样会浪费不少时间。

这里的秘密技巧就在于文字字体等的转换是有快捷键的。但让我意外的是，有很多人并不知道这一点，请一定要尝试使用。

不要用鼠标进行滚动和指定范围

经常使用鼠标的情况包括移动、滚动界面、选择文本等范围选择，掌握技巧之后，这些情况都可以使用键盘更加快速地完成。

输入框的移动基本上都可以通过 Tab 键完成。即使错误地移动到下一框，也可以使用 Shift+Tab 键返回前一个输入框。

在 Excel 中进行单元格的移动时，回车键可以移动到下一个单元格，Tab 键可以移动到右边的单元格。

希望到达浏览器界面等较长界面的顶端或末端时，可以使用 Home 键或 End 键一键完成。移动至 Word 等文件的顶端或末端时也经常会用到这两个键。文件的话可以与 Ctrl 键组合跳至文件的开始或结尾，实现更加精确的移动。

在网页浏览器中，按下空格键后会按页滚动，记住这个技巧会非常方便。

选择复制粘贴范围时，只使用键盘选择远比用鼠标点击→拖动更轻松。

即使使用鼠标，也不必进行拖动。向你推荐的是双击选择词语、三击选择段落等可以一次性完成的技巧。

先用这个技巧选择，然后用键盘进行微调。可以使用 Shift+方向键进行调整，一次性选择一行，或以更小的文字单位扩大或者缩小选择范围。

除此之外，还有很多快捷键，有需要的话可以购买专业的书籍，也可以在网上查阅，把这项内容加入早间活动、夜间活动的项目当中吧。

至少设置好 100 个词语

除快捷键之外，实现输入高速化必不可少的是词语设置。

如果还有人没有设置，请一定要尝试设置。有的人虽然已经设置了，但其实只有几个很少的词语，如果是这种情况，也并不能算已经设置好了。

建议你至少设置 100 个。实际上我也正是设置了大概这么多的词语。

这样做所带来的改变是处理邮件时会大幅度提高速度。

例如，相比邮件，我在工作当中主要使用 LINE（一款即时通讯软件），每天会有 300 条 LINE 信息。完成速度大概是每 100 条 10 分钟，所以平均给每个人的回复时间是五六秒钟。虽然数量很多，但大都以模板回复完成，因此几乎没有需要单独编辑的文章。

工作中使用的邮件也是同样的道理。例如，你在工作中是否每天都要写很多次这样的邮件：

承蒙关照。
我是"超效率工作法"的金川。
…………
请多多关照。

如果每次都输入相同的内容，会非常浪费时间。

我自己的做法是设置了"承关"为"承蒙关照"，"请多"为"请多多关照"，每个句子只需要打几个字母。

有时打几个字母也很浪费时间，因此频繁使用的词语我基本上都设置为一个字母。例如，"D"是电话号码，"N"是名字[1]，"F"是Facebook（一款社交软件）的连接，"H"是公

---

[1] 日语中电话和名字发音的首字母分别是 D 和 N，下文中还有几处类似的情况。——译者注

司的主页。

当然，设置为一个字母的话有时会出现很多相同的词语。例如，输入"G"会出现地址和 Gmail 地址。不过只需要按下转换键即可逐个向下移动，相比输入两个字母还是要快一些。

像这样，如果某个词语需要输入两次以上，就要进行词语设置。

省略日常大部分输入的奥秘

比"词语设置"更简便的方法是对需要多次输入的较长字面内容进行设置，这样的处理比词语设置更重要。

例如，我的研讨会业务是重要的工作，因此设置了非常长的固定格式，只要输入"研"，即可输入"希望邀请你加入研讨会小组，请联系下面的 LINE。LINE：××××……请发送验证消息。请你多多关照。"

如果你每次都需要统一发送邮件通知成员召开会议时，可以设置为输入"会"后即可出现会议的地点、时间、"第 × 次 ×× 会议"等名称的固定格式。固定格式出现之后，只需要填入必要事项。如此一来可以节约很多时间。

不过，词语设置没有换行，有时会存在字数限制。因此也可以将模板内容保存在记事本中，搜索出来之后复制粘贴完成。使用前文所述的快捷键，复制粘贴笔记也仅需数秒即可完成，因此可与词语设置配合使用。

总之，通过词语设置和模板内容复制可以省略大部分日常输入。实际尝试一下应该会深有体会，工作中其实有很多每天都会重复的相同作业。

除此之外，模板不仅在输入时可以用到，也是制作文件时实现效率化的基本。

当工作中需要制作某个文件时，应该尽量多查看一些过去的资料，询问上司"是否有类似的资料"，在网上搜索模板，而不是完全从零开始做起。

即使是看起来全新的工作，其中大部分应该已经有现成的模板，或者之前上司或公司内的其他人制作过类似的文件。与其毫无头绪地从头摸索，不如参考其他模板，这样可以更加快速准确地完成文件制作。

⏰ 时刻留意寻找最佳方法，不要墨守成规

最后，我希望大家明白，无论设置了多少快捷键和词语，要实现效率化还是要随机应变。

例如，选择某文本部分进行复制粘贴时，没有使用快捷键的人会通过鼠标滚动界面拖动并复制，所以速度会变慢。

而我的做法是先用 Ctrl+A 选择全部，用 Ctrl+C 和 Ctrl+V 复制粘贴，然后删除不需要的部分，仅保留需要的部分，所以会更快。这是因为考虑到复制粘贴的部分占整体七成，因此删除不需要的三成会更快。

但是，如果要使用的部分仅有四成，那么拖动会更快，会转而使用鼠标拖动。并不是说无论什么情况下都不要使用鼠标。

在使用鼠标拖动时，不要从上到下滚动复制。因为这样容易超过所需要的部分。应该将光标放在需要复制范围的最下边，然后向上选择，这样就可以快速且准确地复制所需范围。

重要的是像这样观察并把握整体情况，经常检验是否能够实现效率化并加以改进，而不是机械地重复相同的操作。

不要拘泥于相同的方法，而是要有意识地不断尝试，哪种方法可以快 1 秒就立即转换为哪种方法。也许一次只有几秒，但是

积累起来却可以推进公司整体的工作效率提升。

相比记住秘密技巧,这里更重要的是要有改进的意识。

掌握快捷键和词语设置确实可以在一定程度上提高工作速度。但如果仅仅是机械地使用,可能有新的方法和功能出现也不会注意到。让我们随时留意验证哪种做法更高效,从现在开始继续努力地加以改进。

第 4 天　时间的断舍离

⏰ 同样的 24 小时如何取得更多成果

前面已经向大家介绍了直接让工作效率化的方法。坚持实践两周左右之后，大家的工作速度一定会明显地加快，待在公司的时间也会缩短。

但是，如果工作以外的时间和想法本身没有实现效率化，就无法在真正意义上成为可以有所成就的一流职场人士。

如果处于"总是没有时间""忙于工作"的状态下，就无法有进一步的提升。开门见山地说，这是因为大家的日常时间都被无用的事情挤占了。让我们来一起消除生活中没有意义的事情吧。

现代的上班族，无论能力如何，基本上节奏都很紧张。所有人的时间都被工作、学习、家庭琐事占满了，经常会觉得根本没有时间做想做的事情。

在这种环境中仍然能取得成果的人有什么不同？一天只有24小时，这一点大家都一样，不同之处在于是否彻底地摒弃了日常无用的事情。

有的人之所以能够在当今这个变化迅猛、信息爆炸的时代不断实现自己的目标，并不是因为他们知道自己要做什么，而是因为他们清楚不该做什么，实现了时间的断舍离。

例如，每天都会去便利店闲逛，乘坐电车通勤往返需要两小时，在手机上花费大量时间查看SNS（社交网络服务）……这样的人能否为取得成果而行动呢？

很显然，如果每天都把时间浪费在这些事情上，即使有想法，也一定没有时间付诸行动。如果不设法减少浪费的时间，永远都无法完成想要做的事情。

去便利店是对时间的极大浪费

你应该知道每天24小时是人人平等的，想要取得成果必须少做某些事情吧？那么应该少做哪些事情呢？

其中之一就是去便利店或超市购物。例如，习惯每天去便利店购买 500 毫升的瓶装水。这件事无论从哪个角度来说都是浪费，请马上改掉。本来打算只买水，但是一旦到了店里，就会被新商品吸引驻足，或者在杂志角翻阅杂志，不经意间 10 分钟就过去了。

如果每天如此，一天是 10 分钟，一个月就是 300 分钟，五个小时的时间就这样损失了。

应该有很多人觉得"10 分钟没有什么大不了"，已经养成了习惯，即便没有什么需要买的东西，也会在每天回家的路上去一下便利店。这样毫无意义，只会造成时间的浪费。

购物是必须要做的。但是以小时工资的观点来看，每周去一次超市也值得商榷。假设去一次超市需要 1 小时左右，你的小时工资是 2000 日元左右，可以说你失去了 2000 日元。

公司的员工是固定工资，一般不会以小时工资的意识去考虑应该如何利用时间。那么假设月收入 30 万日元，每月工作 20 天，可以算出每天是 15000 日元，如果工作 7 小时，那么这个人的小时工资就超过 2100 日元。

然而，花 1 小时去超市购物并不能产生 2100 日元以上的价值。

如果将这些时间用于提升自己，也许可以让自己的小时工资超过 2100 日元，现在却白白损失了这 1 小时工资的时间。

那么应该如何购物呢？

我自己的做法是在亚马逊上订购所有需要购买的物品。饮品只喝水，所以会定期地批量购买 500 毫升瓶装水，此外卫生纸和洗发水等日用品也只在亚马逊上订购。一个月的购物时间只需要不到 10 分钟。

如果在网上批量购买 500 毫升瓶装水，每瓶算下来只有 40 日元，非常便宜。而每天去便利店购买，需要支付 1 瓶 100 日元，相当于网上两倍的价格。不仅浪费时间，还浪费金钱，没有任何益处。

顺便说一下，500 毫升瓶装水自己拿没有问题，但如果是 2 升瓶装水之类很重的物品，搬运起来也很吃力。而在网上购物只需要签字接收就可以了，不需要自己搬运。也不必担心在拥挤的收银台前排队、计算零钱，以及购买不需要的东西。

不要在 ATM 机上取钱

乍一看也许有必要,但从节约时间的角度来说,是不应该去 ATM 机取钱的。

我在刚上班的时候,每次发工资后都会去 ATM 机取钱。由于审计的工作十分繁忙,开始筹备创业后甚至要从 9 点工作到 24 点,因此开始考虑如何才能挤出更多的时间,于是干脆将所有不必要的事情都停了。

前面提到的去便利店和超市是其中之一。此时,我发现用现金支付也没有必要,在 ATM 机取钱也是如此。

每次去便利店和超市买东西时,都要从钱包中取钱,然后在收银台交钱等收银员找零,为此要定期取钱。虽然在公司工作挣到的钱会打到银行账户,却必须从 ATM 机取出,花完之后又要去取。明明取钱不是工作,那为什么必须要这样做呢?

如果可以直接从账户支付,那么就不必每次都去 ATM 机取钱,也就不必带着装有现金的钱包。

因为不去便利店和超市购物了,所以即使没有钱包,也不会感到不便,需要购物时只要有卡即可支付。

从那时开始至今已有四五年的时间，我再没有在 ATM 机上取过钱，也没有从钱包中拿出过零钱。

不带钱包，用一张卡统一支付

随身携带钱包的缺点有很多。所以和在 ATM 机上取钱一样，如果能够摒弃，应该可以养成好习惯。带钱包的最大缺点就是碍事，而且容易装入不必要的东西。

明明钱包里真正要用到的只有纸币和硬币，但是大多数人还会装进储蓄卡、信用卡、积分卡……这些卡片让钱包变得鼓鼓囊囊。每天带着这些东西走来走去仿佛是带着不读的书或不穿的衣服。

而且一旦钱包被盗或遗失，风险非常高。我把钱包当成口袋，会一直放在家里，所以除非小偷来到家中，否则绝不会丢。

有的人会觉得从今天开始突然"不带钱包"难度太大，对于他们来说，可以先带空钱包，养成不使用零钱的习惯。

如果使用电子货币类银行卡，不带零钱也不会感到不便。前面我已经说过不会去便利店，所以并不需要零钱。即使需要付款，用电子货币支付也会比从钱包拿出零钱要快很多。

除了方便，电子货币支付还有其他优点，比如有积分、可以延长支付时间等，考虑到这些，我会将支付集中在有电子货币类功能的信用卡上。

只要将这样的一张卡放在手机壳里，就可以和手机一样轻松地带在身上。随身带钱包会担心被盗，但却很少有人手机被盗，所以也就不需要担心丢失带来的风险。

便于携带，风险又很小，既不必去 ATM 机，也省去了找零的麻烦，而且还可以积分，流水更详细，用卡的优点真是不少。

尝试体验没有电视的生活

前面列举了几项从常识考虑很难想象的习惯。一般来说，最应该戒掉的就是手机和电视了吧。手机在工作中也会用到，所以我不会告诉你不带。至于电视，绝对是不看比较好。

虽说如此，但是当机立断马上戒掉的难度还是太高。那么让我们通过三个步骤摆脱电视吧。断舍离即为断开、舍弃、分离。从最开始就断开，即不买电视是最好的。已经买了可以考虑舍弃。如果要搬家，可以看成是难得的机会，请在那时舍弃。

对于既没有搬家打算，又很难突然从今天开始马上过上没有电视的禁欲生活的人来说，先从停止录节目开始尝试吧。

如果这样没有问题的话，尝试偷换概念，就是尝试不看电视，或者把电视送回老家，最终实现舍弃的目标。

我因为有着较高的目标，"在完成繁重的本职工作、在公司取得成果的同时创业"，因此贯彻得比较彻底，而普通的职场人士是可以拥有在家放松的时间的。

此时，要明确集中注意力完成夜间活动的 30 分钟回到家后放松的真正用意，习惯随手就打开电视是不行的。在需要集中精力时果断离开，不去有电视的地方，这种态度是很重要的。

学着放下手机

手机和电视一样,稍不留神就会耗费我们大量的时间,所以不需要时应该放下。

至少在早间活动、夜间活动时,请一定要放下手机。好不容易更换场所挤出来的时间,摆弄手机就没有任何意义了。

说是放下,但是并不代表不带。怎样才能做到呢?我的方法是在来到早间活动、夜间活动的地方之后,马上将手机设置为飞行模式。这比关机更简单。

无论是麦当劳还是居酒屋,只要把这30分钟当成是在飞行,就无须经常查看手机界面的通知,也不必考虑回复消息。或者也可以设置成睡眠模式。哪种模式都可以,就像确定店和菜单一样,请无条件地养成习惯。

另外,手机里原本有很多无用的应用程序,注意要尽可能地删除,保持简单。程序一旦装上就会忍不住查看。如果一定要保留,可以放在文件夹里。

而且应用程序一多,找起来也要花费很多时间。我会经常删除应用程序，最终剩下的基本都放在了首页。

手机就是这样的东西，一旦不经意拿起来摆弄，就会不知不觉地花费大量的时间，因此请彻底养成"非必要的时候不看"的意识。

第 5 天　运用 CAPD 法则

想要迅速取得成果，要采用"CAPD"，而不是"PDCA"

前文我已经就工作之前的环境创建做了详尽的介绍。下面开始向你介绍工作中的技巧。

我觉得大家应该都熟知经典工作方法"PDCA"的思路。因为它太有名了，几乎已经成了常识，似乎已经不必再学习了。而且最近它再次受到重视，已经有不少相关的经管畅销书出版。

当然，我认同这种方法对于工作的重要性。

但我认为，一般情况下从采用 PDCA 制定计划开始是非常危险的。因为对于还没有开始做的工作，是无法制定有效计划的。

我在参加注册会计师考试时对这一点深有体会。

我勉勉强强考上了大学,在进入三年级之前的短短两年时间里,无法为实现通过注册会计师考试的目标而有条不紊地制定计划。

怎样学习才能通过考试呢?

一般来说是P(计划)→D(执行)的循环,即阅读教材、做练习题,然后考试。

如果尝试这样做了但是仍没有通过考试,就会对未通过的原因进行C(评价、检查),之后进行A(行动、改进),接着重新再考。但是如此循环,我在大学期间不会实现通过注册会计师考试的目标。

于是我自己重新进行了思考,认为应该从通过考试这一结果出发考虑,也就是"CAPD",即从C"评价"开始。

例如,通过考试的人是如何学习的呢?未通过的人的差距又在哪里?未通过的人应该如何改进?——从这样的评价角度来研究需要改进的地方,在此基础上制定计划并执行,这样应该可以更有把握地取得成果。

应该选择从检查开始CAPD循环,而不是大家所熟知的PDCA。这才是真正有效率的方法。

⏰ 失败的话就谈不上评价了

那么，为什么从 C（评价、检查）开始更有效率呢？下面为你详细介绍有关这一部分的内容。

恐怕大多数人属于只制定计划而无法执行，或者虽然制定并执行了计划，但最终迫于每天工作的压力而无法检验等这些情况中的某一种吧。

当然，每个人的情况各有不同，有可能不制定计划只是埋头工作，也有可能执行之后无法在期限内完成，于是重新制定计划去执行。

可以说无论哪种情况，大多数人都只停留在 P（计划）和 D（执行）环节，并没有真正地完成 PDCA 循环。

我并不认为导致此结果的原因完全在于职场人士的意愿不足。

在日本的公司组织当中，进行某项工作时，应该都会要求员工回顾确认一下之前是如何完成的。我所任职的外资企业在制定某项计划时，也会根据截至去年的三年内结果制定文件。但是，即使是回顾过去的情况，想必大部分人也没有真正去评价、检查。因为有时自己并没有参与当时的工作。

也就是说，并不是"评价过去、从改进开始"，而是"因为开始着手某项工作时并不知道应该如何开展，所以利用过去已有的成果尽快准备并开始"的状态。即只是笼统地回顾过去并计划，随即开始执行。

但是，"只是回顾过去"与"评价、检查过去"，结果是有巨大差别的。

不只工作上如此。假设我们每年都会去国外旅行。上一次是在临行之前仓促决定的，结果行程非常辛苦，所以想这一次一定要提前两个月预约；上一次没带延长线造成了诸多不便，这一次一定要带去，等等。这样在评价上一次的经验之后制定了计划，相比临时决定去国外转转，与去年制定大致相同计划的人来说，应该会更有效率、更有质量，可以完成一次美好的旅行。

如果是个人旅行，即使有失误，也可能会留下美好的回忆。但在工作中如果拿不出成果，就没有底气说自己做了工作。但是，日本的公司本来就没有"重视对于有质量、高效率地完成工作进行评价"的习惯。

上司交代制定文件后完全照做，仅仅是着眼于眼前的工作，这样是不会取得成果的。相比单纯地准备并执行，从评价开始会获得更好的改进，最终能够更快地进入准备和执行阶段。

评价要针对已经取得成果的人

那么具体来说，工作中应该如何执行 CAPD 呢？

我最先做的是评价已经可以高效率地工作的人。

例如，我以金川以铃木前辈为目标。如果是 PDCA，首先会从自己的视角开始，会制定计划，"铃木前辈真厉害啊，我也想成为他那样的人，学习一下他是怎么做的吧"。

而采用 CAPD，则会从铃木前辈的视角开始，应该从考虑"为什么他能比所有人都更快地完成工作，而且总是取得成果呢"开始。

此时可以直接询问本人："铃木前辈，如何才能成为像您一样的人？"

"工作速度快、取得成果的秘诀是什么？""我在做销售工作时感到有些吃力，您觉得应该如何进一步改进？"……可以通过这样直接提问的形式让对方多给出具体的意见。

如果可以得到"我是这样做的……""你的任务应该是做好日程管理"等意见，那么马上就可以着手改进。当然，即使不事事都询问，以评价的视角观察铃木前辈的行为，如果发现自己没做但铃木前辈正在做的事情，就可以记录下来并付诸实践。

相比盲目地开始计划，这样的做法会让人看到结果的一点影子。也就可以掌握概要，并且更加顺利地执行计划。

如此一来，终点很可能不限于铃木前辈的水平，顺利的话还可能会超过铃木前辈本人的高度。

应该可以比 PDCA 更快获得水平更高的成绩。

通过前文列举的例子我们可以看出，评价时的要点是不仅要评价取得成果的人，也要评价没有取得成果的人。

"同事田中工作很慢，他有什么不同呢？"

为了评价这一点，这次写出了田中与铃木前辈的不同之处。

在某个项目中，铃木前辈以"边执行边思考"的思路，立即着手开展工作，因而即使在执行过程中出现麻烦，也可以立即处理；而田中的思路则是"必须把所有事情做得完美，否则就无法进行下一步"，行动迟缓，因而最终错过了截止日期。如果是我的话，我的思路是"应该马上做"。

此外，田中的手机里应该全是智龙迷城、宝可梦等游戏；而铃木前辈则用手机阅读"日经新闻电子版"……

列出这些不同点之后，就可以清楚自己应该做什么，不能做什么。

评价"自己""成功的人""失败的人"

为了能这样有效率地进行评价，不仅要评价自己的行为，还要评价包括周围取得成果的人的行为以及没有取得成果的人的行为，兼顾这三方面非常重要。

评价自己是必须要做的，不用赘述，那为什么还要评价周围的人呢？这是因为如果仅仅评价自己，很多时候不能作为参考。

当然，如果能弄明白过去的错误、出现失败的情况时，评价之后有时可以有效率地工作。但是，令人意想不到的是，说到底，很多时候人们对于自己的关键问题——"这里不行"十分模糊，并不了解。

正因如此，所以需要仔细与周围的人进行比较，了解自己哪里做得好、哪里做得不好，"彻底做好评价"。

只评价自己会掺杂个人感情，容易觉得"不，没有那回事"，实际上很难定性、定量地做出评价。而客观地评价周围取得成果的人和没有取得成果的人会很有效率。

如果不能评价自己，那么可以询问取得成果的人，或者比较取得成果的人和没有取得成果的人，找到应该改进的地方。

想必很多人开始并没有意识到自己不行。如果不知道自己哪里做得不好，那么不妨从评价周围的人开始吧。

从书中找出共同点

为了迅速地从周围找出可以评价的人，可以参考公司中工作能力强的人、上司或同事中取得成果的人。如果没有，可以不必拘泥于公司内部，同行业其他公司或者在公司外社团中的熟人也可以。

这样评价三到五个人，应该就可以找出取得成果的人有哪些共同点了。

不仅可以评价别人，还可以采用读书的方法，发现"这个人的想法非常好，我也参考一下吧"。

我在谈早间活动、夜间活动时说到，如果养成每天确定某一课题的相关主题并阅读书籍的习惯，那么应该已经阅读过一些工作效率化和演讲能力等方面的书籍了。

如此一来，阅读过几本书后应该就会发现有几个项目基本是重复的。这些共同点就是应该优先考虑的改进要点。从这里着手可以有效率地执行CAPD。

公司的规模有大有小，未必一定都有值得评价的人。而且，如果是年轻人，在公司外也没有什么人脉，周围也没有能够评价的人……在这些情况下，花费大量时间寻找要评价的人是很没效率的。因此，如果实际工作生活中没有可以评价的人，就把书籍作者的方法用于评价吧。读书是最快捷的方法。

无论是从人还是书着手，发现共同的要点之后，应该立即写下来。

可以记在笔记本上，而我在前面说过，自己会将信息集中在电脑上。因此一定会将这些分条分项写成笔记，形成数据。

下面来介绍一下进行评价的具体方法。

第 6 天　让人变聪明的"分条记录法"

将评价浓缩在一行以内，一定要简洁

运用 CAPD 法则，首先从评价开始。准确地评价自己和周围的人是很重要的。

"随便看一下就参考"当然不会进入评价的范围内。一定要保留记录，以便之后可以回头查看，在考虑改进点的基础上制定计划。

而评价无须写得冗长。要点应浓缩在一行以内，尽量归纳得简洁。

我将这种做法命名为"分条记录法"。主要原因是，如果内容过长，会导致因难以理解而不去阅读。因此分条是最佳选择。

例如，"铃木前辈取得成果的原因是，在项目刚刚起步时有决断力,在开展工作的过程中也非常有逻辑性,因此对周围的人们有说服力。此外,电脑操作速度很快,掌握了快捷键,能够在一个小时内完成别人需要两个小时才能完成的文件……"——如果是这样冗长的评价,不仅无法掌握要点,而且后续再次查看时也无法使用。

如果分条记录以一行为限,即"铃木的可取之处是有决断力,开展工作有逻辑性,会使用快捷键……"如此一来,后续再次查看时,应该可以轻松掌握要点。

在日本的企业中,无论是报告还是企划案,都会面面俱到,因此笔记也很容易写得冗长。而外资企业则要求效率,因此分条书写是最正常不过的做法。

吉野家牛肉饭"快速、便宜、美味"的广告语虽然简短,却足以向大家传递其优点。如果写得太长,人们可能反而会不知其所云吧。分条笔记也是同样的道理。

单纯罗列分条内容没有意义

内容过长的另一个缺点在于写一段较长的文字需要很多时间,最终时间都花在了评价上,无法立即进行改进。

如果只进行评价,不采取改进行动,是没有任何意义的。

所以要养成用一行文字分条写出要点的习惯,5 个字即可,尽量不要超过 10 个字,写出单词即可。要分条写,而且不要写得太长,制定出有个人特色的效率化教科书。

但是分条也不要一次写过多,最多不超过 4 条。如果写得过多,最终会没有主次,很可能不会去操作。

单纯地罗列分条内容也是没有效果的。写的时候一定要有明确的目的。

下面就是反面例子。

业务员的业绩不佳

呼叫中心的人手不足

对业务员进行销售培训

限期增加呼叫中心的人手

完成月销售额 1000 万日元的目标

其不足之处在于，一眼看去并不能掌握整体情况。

分条写出评价的首要目的在于明确整体情况。整体情况是指归纳总结目标、问题点、改进对策，以便后续查看。

所以，分条时的要点是让人意识到目标是什么，问题是什么，对此应该如何应对。

目的是明确整体情况

那么这种情况下应该如何书写呢？

目标

月销售额　完成 1000 万日元

问题点　2 个

业务员　业绩不佳（特别是佐藤、村田）

问题应对　呼叫中心　人手不足

月销售额　700 万日元　未完成

改进对策　2 个

销售研修项目　加藤董事　4月　开展研修　委托

问题应对　呼叫中心人手　限期　增加

这样写更合适。

与前面的反例的区别在于，首先是提出问题点、改进对策的标题，明确整体情况，使其一目了然。

其次是在明确的要点中加入固有名词和数字，使人看完之后可以产生具体的印象。

通过改善内容，后续再次查看时可以立即掌握问题是什么，应该如何改进。最终顺利地进入到接下来的PD，即计划和执行环节，这样就可以不断进行CAPD循环。

加入固有名词、期限、否定等词语，让内容更具体

通过使用分条记录法，还可以在邮件、宣讲、企划书和会议资料的制作、报告和会议记录制定等其他所有场合更有效率地完成工作。

分条记录法不仅是有效的交流技巧，既能够清晰明确地向对

方传达希望传达给他的情况，还可以用于自己的工作整理上。请一定要用到并用好。

例如，发邮件催促后辈制作资料时会这样写：

< 反面例子 >

田中先生：

你辛苦了！

制作商品介绍的资料已经超过期限了，请你尽快完成并发送给我。

< 正面例子 >

田中先生

你辛苦了！

3月15日向A株式会社提交的商品介绍资料能否在3月5日之前完成？

请使用Word制作，不要使用PowerPoint。

因为是邮件，所以发送时不适合完全分条书写，但是基本上要用分条书写的形式来表述要点（如果是外企，即使是邮件也经常会只发送归纳后的项目）。

为了进一步实现效率化，也可以考虑与收件人之间的关系，省略"××先生，你辛苦了"。而使用"3/15 提交给 A 的资料截止 3/5，使用 Word 而不是 PowerPoint"等语句，可以进一步缩短时间。

此外，要点是在这里加入固有名词的同时，还要加入表示期限的数字。要明确地传达要求，用"3 月 5 日之前"，而不是"尽快"。

另外，还有一个技巧是可以加入表示否定状态的语句，即明确告知不要做某事的词语。

这里写道"请使用 Word 制作，不要使用 PowerPoint"。如果考虑到后辈不习惯使用 PowerPoint 制作资料，用 PowerPoint 制作会很慢，那么指示他不要用 PowerPoint，可以使工作速度更快。

这些方法也可以用于分条书写评价。例如，之前的例子当中，如果这样书写的话，效果应该会更好。

销售研修项目　加藤董事　4 月　开展研修　委托

↓

非组长组织的销售研修,而是销售研修项目　加藤董事　4月开展研修　委托三次

问题应对　呼叫中心人手　限期　增加

↓

在5月之前　呼叫中心人手(用于应对问题)增加至20人而不是10人　限期

加入期限和否定的词语,可以使评价的要点更明确。

"分条记录法"可用于所有工作场合

有了这种意识,除书写之外,在口头报告、宣讲等工作场合中也会大有裨益。不仅可以马上回应对方的要求,宣讲当中也可以自然而然地落实"一张幻灯片、一条信息"。

除此之外,通过分条来预先把握问题点之后再开展工作,也可以避免实际开始动手工作之后才发现设想与实际情况不符的错

误的发生。

因此，无论从事何种工作，均应该实践分条记录法。

例如，作为业务员向顾客推荐商品时，一股脑儿地说出一堆与在心里整理好怎么介绍之后再推荐，说服力是不同的。

在早间活动、夜间活动中事先分条写出相关内容，即使对方没有整理信息，也可以立即找出提案的要素。

总结起来，我推荐的分条记录法的特征在于，通过提出期限、加入否定词语，明确问题点和改进点。

而从结论来说还有一个要点，这种"已有结论（快速回答）"的写法在向对方展示时需要注意。

因为根据对方的实际情况和场合的不同，有时不要从一开始就拿出结论会更好。

例如，在希望销售商品的过程中，如果觉得突然从结论出发会使对方不悦，就应该对情况作出判断，首先向对方提供他所希望了解的要素。

⏰ 写出反省点＋提示和建议

为了能更快速地进行 CAPD，应该在每天的早间活动、夜间活动中坚持使用分条记录法。此时，需要写出的评价内容主要有两点。

其一是今后的减分点。

写出自己的行动、周围人的行动当中，自己的不足、容易失败之处和没有取得成果的人的反省点及改进点。此时要写出建议，为了避免今后的失败，自己应该注意哪些问题。

然后观察取得成果的人，如果了解他有意识在做的事情或得到他的建议，就相当于取得成果的秘诀，也要写出来。

取得成果的人已经是以避免失败、有效率地完成工作为前提的，因此会给我们很多启发，一定要加以参考。

假设你是一位保险业务员，但业绩总是不理想，于是写出了可能导致这一结果的反省点。

一边看资料一边介绍

和客户交谈时要看着对方的眼睛，不能盯着资料接着是铃木前辈是怎么做的，这一点也要分条来写。

与客户交谈时，询问他烦恼的问题

交谈时要有自信

如果得到对方的具体建议，也要写出来。

不要自己唱独角戏，要注意与客户互动

通过这样做，可以确认自己、能干的人和不能干的人各自的评价要点，分条写出之后，就可以客观地看到改进的对策。

不要忘记成功体验的加分点

第二个应该写出的评价是表扬自己的加分点。

这将使你取得工作得到改进的成功体验。

例如，如果有某个比较好、获得他人表扬的要素的话，可以回忆出来并写下来。

成功与客户 A 公司签订合同

今天的宣讲十分自信

会议资料准备得简洁清晰，获得了上司的褒奖

假如之前自我评价"很难做决断"，那么当这次进展虽然不是十分顺利，但很迅速就做出决断时，仅此一点也可以作为加分的要素写出来。

越是为没有进一步改进而耿耿于怀的人，越可能获得巨大的进步。如果全部是减分点，会让人失去干劲儿。再因此导致恶性循环，是完全没有意义的，因而表扬自己的点也是必不可少的。

我认为这样坚持不断地积累成功体验也是非常重要的部分。

综上所述，可以通过减分点实现改进，通过加分点获得成就感，提高干劲儿，以此促成习惯的养成。两者都是今后取得成果的重要要素。

第 7 天　列出不做清单

⏰ TO DO 清单会使工作永无止境

　　分条写出评价并了解改进点之后,接下来就要马上进入计划和执行环节。

　　此时大家一般都会列出 TO DO 清单。然而,我却认为这样的做法与 PDCA 一样,最好改掉。

　　之所以这样说,因为这样做过的人应该会有切身体会,列出清单之后会发现应该做的事情过多,实际上根本无法完成。

　　这一点想必大多数人都感同身受吧?

　　当然,相比什么都不写,列出清单能够明确哪些事情应该做,这也未尝不可。

　　但是,现实当中是否列出 TO DO 清单之后工作就可以快速完成呢？答案应该是否定的。

为什么会如此呢？

我认为列出 TO DO 清单非但无法快速结束工作，甚至会引发很多问题。主要的问题有以下三个：

1. 承担的工作过多，无法完成（量的问题）
2. 要做的事情增加，时间不足（时间的问题）
3. 工作效率难以提高（质的问题）

上面每一项都是无法完成工作的典型例子。如果仅仅满足于列出清单的话，另当别论。如果把这视为一种有效率的方法，习惯每天早晨都要写出 TO DO 清单之后再工作，最好还是改掉。

快速完成工作的三个条件

快速完成工作需要满足哪些条件呢？

我认为的必要条件是要达到与之前 TO DO 清单问题相反的状态。

1. **不承担过多工作（减少工作量）**

2. **增加工作时间（增加时间）**

3. **提高工作效率（提高质量）**

满足这三个条件，工作自然可以快速完成。

在前文中，我已经介绍了 2 和 3 的改进对策。

如果做到了第 2 天、第 3 天中谈到的改善电脑环境、设置快捷键和单词，工作效率会自然而然地得到提升。

想要增加 2 中的工作时间，第 4 天内容中介绍的时间的断舍离是一种有效的方法。

即使不厌其烦地列出 TO DO 清单，工作也不会实现效率化。实际上用这个时间设置 100 个词语更能提升效率。

然而，大多数人容易忽视的正是 1 中的承担过多工作吧。

这是非常关键的一个问题，即使注意完成 2 和 3，也很少有人意识到 1，因此我在这里要重点介绍一下。

即不要将应该做的事情列出 TO DO 清单，而是应该列出"不做清单"，避免承担过多的工作。

确定不做的事情即可实现效率化

虽然每天都会列出 TO DO 清单，但是工作速度也一点都没有变快……如果有这样的烦恼，不列清单会更有效。

原因就在于，每天不厌其烦地列出 TO DO 清单的人正是努力工作的人。

我有段时期也会把要做的事情列出清单。TO DO 清单确实能够让要做的事情变得清晰。但越是认真的人，需要做的项目就会越多，于是导致清单上剩下很多没有处理的内容，最终不得不放弃，无法继续……这就是等待他的最终结果。

因此，如果一个人追求效率化，列出不做清单反而会更加有效。

列出 TO DO 清单，会对照清单，看看现在应该做什么工作，之后发现还有这项工作、那项工作也要做，所有的工作都要做。而列出不做清单，即确定"不做这项工作"，在梳理当前正在进行的工作时，会从中剔除这一项、那一项不需要做的工作，要做的事情变得简单，最终可以提升效率。

我认为要列入不做清单的事项因人而异。

总之,决定一项工作绝对不做是很重要的。

例如,自己不去复印;某项工作不亲自去做,而是交给小时工;绝对不在纸上记笔记;在电车中不玩手机游戏……像这样列出之前不经意间在做的无用的事情、不重要的事情。

我从大学时代开始便意识到了这一问题,并决定了在生活中有很多事情绝对不做。

其中之一就是虽然好不容易才考上大学,却不去听大学的任何与会计师无关的课程。虽然这看起来完全脱离常识,但是好成绩与注册会计师考试不存在任何关系,因此我认为这并不是自己应该做的事情。

另外,还决定不去联谊和聚会喝酒,因为这也与通过注册会计师考试的目标没有关系。所以,无论别人如何热情邀请,我都不会去——也不能完全这么说,其实四年中去过一次,只有一天的时间。四年一次,相当于世界杯的频率。

虽然去了,但是感觉所有人都像是外星人,完全聊不到一起。他们谈论的都是些"最近去海边了""最近买什么了"的话题,我根本插不上话,勉强坐了两个小时之后便打道回府。

当时我从早晨 6 点一直学习到半夜 12 点。即使有人问我最近买什么了，答案也只不过是"50 支马克笔""买了新笔记本"等。也许我才是大家眼中的外星人吧。

除了这些之外，当时还有很多事情我决定不做。

只吃固定的食物，到学校之后坐在最后面的座位上继续做注册会计师的考试题，在麦当劳学习到关门……

计划外的事情一概不做。

后来别人评价我"当时身上散发出一种灵气"，但是这样一来所有人都不会轻易邀请我，所以我能以非常高的效率朝目标努力。

也许我的例子有一些极端。但是如果大家想方设法要提高效率，一定有应该做的事情。除此之外，还要下决心列出不做的事情清单。

一定要想方设法减少工作的绝对量

列出不做清单时的技巧是要有明确的期望。

只要明确自己的目标，自然就可以知道应该做什么。如此一来，就会知道做其他的事情都是在浪费时间。

这样考虑的话，是不是就会想到这些事情应该加入不做清单了吧！

午餐时间不工作

在夜间 20 点之后不工作

不花费 30 分钟以上的时间处理邮件

不花费 20 分钟以上的时间准备例会资料

不使用鼠标

手头的工作完成之前不开始其他工作

不同时进行两项工作

期望指的是自己"应该做什么"，这与"不做什么"是一样的。明确自己应该做的工作，放弃其他工作。这样就不需要承担多余的工作，减少工作的绝对量，确保合理性。

TO DO 清单的问题点在于，要做的事情会越来越多，无法确定轻重主次。

如果要确定自己工作的轻重主次，请一定要尝试列出不做清单。

⏰ "不做"比"做"更重要

确定工作的轻重主次时,一定要进行否定。这一点我在分条记录法当中也提到过,能够做到的人一定可以更有效率地完成工作。

事必躬亲的人最终结果多会是干不好工作,无法出人头地。

例如,原本不是自己应该做的工作,却被前辈逼着去做;参加不想参加的聚会……这些事情会蚕食自己的时间,导致永远都不可能取得成果。

可以说真正重要的是"不做",而不是"做"。公司就是这样一个地方,如果不会拒绝,不应该做的工作和麻烦的事情全都会找上门来。

当然,如果一个人一味只会说"我不会""我不做",会让人觉得没有干劲儿。这就要求在对某些工作表现出干劲儿的同时拒绝另一些工作。

比如以"××先生,我现在正在处理××的工作,等现在手头上的事结束之后倒是可以,行吗?"向对方展示出因为自己现在正在处理某项重要的工作所以才拒绝的姿态。

如果两项工作都十分重要,那么可以尝试询问哪一项应该优先处理。最差的情况是不管能否完成,就轻易地答应下来。

这样的话,你的工作是永远都做不完的。

任务管理排列出先后顺序,并立即落实到日程中

列出不做清单可以更加明确应该做的事情。而接下来要向你介绍的是简单化的任务管理,请一定要以等级排序和日程化为前提。

TO DO 清单的缺点是没有优先顺序,没有期限。而没有这两项,我们就不知道应该从哪里着手,结果很容易导致从优先顺序较低的事项开始。由于不知道应该做到什么时候,所以无法结束。

这正是 TO DO 清单不实用、无法坚持下去的主要原因。

也就是说,虽然任务变得简单了,但是如果按照与之前同样的方法使用 TO DO 清单,还是没有效率。

因此，务必在决定要做的事情的同时确定优先顺序（等级排序）和应该何时完成（期限）。

因为如果希望工作尽快完成，很重要的一点就是设置期限，从优先顺序较高的工作开始做起并完成。

养成这样的习惯，在早间活动、夜间活动当中应用吧。

具体做法并无限制。我个人会在谷歌日历的 TO DO 清单上加入任务。因为谷歌日历的清单还可以加入期限，另外，电脑和手机可以同步，使用提醒功能。

优先顺序的等级排序大致可以分为三个。例如，红色代表比较紧急，当天必须完成的工作设置为红色，其次的工作设置为蓝色，优先顺序较低的设置为黄色。除颜色之外，还可以通过星号的数量表示，只要自己能够一目了然即可。

这种等级排序和日程化是必须的。因此要养成习惯，在分配到要做的工作后，首先要做的是明确何时完成，进行排序，而不是简单地写出来。

如此一来，此项工作在每日工作中的重要程度、应该何时完成就会变得清晰，因此能够有效率地完成工作。

如果并不知道该项工作的优先顺序和期限，就要询问上司或者前辈本周的 A 和 B 两项工作哪一项更重要，分别要求什么时候完成，然后再决定。

其中一定会有还没有确定期限的工作。说实话，如果不太重要或是忙于其他工作的情况下，拒绝也不失为一种方法。模棱两可地接下来，很可能因为无法完成而给周围的人带来麻烦。因此，也需要随机应变，尽早商量，如果没有必要，不妨拒绝。

第8天　不要逞一己之能，要借助团队的力量实现效率化

把自己的工作放在后面，优先处理他人交予的工作

实际在思考工作的效率化时，不仅要考虑自己，更要考虑如何保证团队整体运行顺利。

例如，在思考应该如何安排要做的工作时，可能会发现真正属于自己的工作很少，有很多工作是周围的人交予自己的。

那么，自己的工作和他人交予的工作，两者应该先完成哪个呢？我认为，一般来说应该优先处理他人交予的工作。

为什么这么说呢？

假设我现在十分忙碌，正在全力以赴处理自己的工作。正在

这时出版社打来电话，告知我"三天后会就有关出书的事情召开一次企划会议，如果进展顺利的话 8 月上旬书可以出版，而下一次企划会议是在一个月之后，出版时间也会相应推迟"。这种情况应该怎么办？

虽然三天后自己的工作已经安排满了，但是如果现在不拿出企划方案的话，出书就会推迟。而且更重要的是，原本要准备三天后企划会议的出版社的工作人员会无事可做，十分困扰。

正因如此，当他人交予自己工作时，无论如何突然，即使自己的工作忙到不可开交，也要首先确认是否会导致工作的整体流程停止。如果会停止，就要优先处理他人交予的工作。一定要这样处理问题。

当然，还要参考该项工作是否重要、需要花费多少时间，而不影响工作流程是大前提。

假设即将开会，上司要求为一个小时之后的会议准备宣讲资料，当然应该接受并马上去准备。如果告诉上司自己手头正在忙别的工作拿不出时间，拒绝或随便敷衍，那么可想而知，一个小时后的宣讲一定会很糟糕。

即使别人交予的工作并没有那么重要，比如复印，为了不影响整体工作流程，也应该完成。可能有人会觉得复印的优先度很低，应该优先处理手头的工作，因而不去复印 10 分钟后的会议资料。我认为这样的人不能说做到了有效率地工作。

5 分钟、10 分钟就可以完成的工作，即使是突然被安排，或者是优先程度较低，为了不耽误整体的工作进度，也是应该完成的。

多数人对此判断有误，把别人要求的工作安排在自己的工作结束之后。然而，我认为最好不要这样做。大家应该明白，这样做会导致整体流程受到影响甚至停滞，从最终结果来看是没有效率的。

一定要用开放式问题询问进度

当掌握工作的整体情况、周围的工作流程时，就会自然而然地明白应该优先完成他人交予的工作。

相反，如果你站在上司或者向员工做出指示一方的立场，那么整个团队的工作不完成，就不能说做了工作，因此要首先尽快结束自己的工作，然后检查下属的工作、确认进度，这些也是工作内容，因而也要完成。

而确认进度时的要点是不要问封闭式问题。

封闭式问题是指对方可以用"是"或"不是"回答的问题。例如，向下属或后辈提出类似"这项工作怎么样？能做完吗？"的问题，这是最不好的。

一般情况下，下属在被上司问及进度时，一定会回答"是的，没问题""我会努力""一定来得及"。我也是如此。在上高中的时候，当老师问我是不是在准备考试时，我一定会回答"是的，正在准备"。在会计师办公室上班的时候，当别人问我能不能做完时，即使根本来不及，我也会回答"没问题，可以做完"。

这样就会导致根本不可能确认进度。所以，在询问时一定要采用能够得到自由回答的开放式问题。

具体来说，就是一定要提出 5W1H[1] 的问题。

---

[1] 5W1H：六何分析法，是一种思考方法，是对选定的项目、工序或操作，都要从原因（何因 Why）、对象（何事 What）、地点（何地 Where）、时间（何时 When）、人员（何人 Who）、方法（何法 How）等六个方面提出问题进行思考。——编者注

"做完多少了？"

"什么时候可以交？"

"文件是怎么做的？让我看一下。"

类似这样的问题，要让对方回答出何时、什么内容、情况如何。如果自己是上司或领导，应该询问现在由谁在处理、现在完成多少了、用什么方法、在做什么资料。

相反，如果自己是下属，有不理解的地方时应该向上司提出开放式问题，获得具体的建议。

将工作交予别人可以实现效率化

像这样在公司组织中做出指示或者和大家一起工作也是很重要的工作。

所以，在思考效率化时，自己的效率化固然重要，让周围的人行动起来，实现整体效率化也是非常关键的。

假设你目前负责财务工作，当业务员提交的付款通知单中数字和格式有点小错误时，如果觉得每次都告诉业务员如何修改太麻烦，于是每次都自己修改，那么自己的工作永远也不会结束。

这本应该是由业务员完成的工作，所以要让他修改并提醒其注意。在每天的工作中，如果有不需要由自己完成的工作、不应该由自己完成的工作，一定要明确提出，这样才能集中精力尽早完成自己的工作。

为此，在早间活动、夜间活动确定工作的先后顺序时，也可以决定某项工作由谁来做。

当然，有的人没有下属。那么无论是同事还是上司安排的工作，一定要思考一下有没有不在自己职责范围内的工作。

小事也要考虑在内。预约会议室、让自己取东西、让自己收集制作文件所需的资料等，这些无论由谁来做都差不多的工作要尽可能交由他人去做。

必须自己做和优先程度较高的工作必须由自己集中完成。如此就可以缩减自己应该完成的工作。

例如，虽然宣讲资料必须由自己来完成，但是预调查可以交给别人。或者制作资料交给他人，但是宣讲必须由自己来完成……类似情况下可以尽可能由自己来完成有创造性的部分。

除此之外，当公司员工完成上司交予的工作时，向上司提出新的提案也很重要。即使制作资料的工作交给别人，提案部分也要由自己来完成。

这样做可以让自己顺利升职，或者经常提出新的创意，做出让人耳目一新的提案。这毋庸置疑是自己应该做的事情。

建立沟通是重要的工作

向别人做出指示、安排工作时，决不能简单地说一句"把这个做一下"。

这样做之所以不可取，是因为没有说明原因。没有告知理由就安排工作，与告知对方因为这个工作会对你今后的成长有帮助，因而希望你来做，两种做法会让自己和对方的关系完全不同。

假设上司安排你制作 PPT 资料时，向你解释了让你做这个工作是为了你两三年后在大家面前宣讲时可以用上，所以趁现在最好尝试多做做，那么你不会觉得是单纯地想要甩给你工作吧。

或者告诉同事你现在手里的项目很忙，抽不出时间，如果这个工作他可以帮忙的话也可以帮到其他人，这样大家共同努力，在一起工作也会更愉快。

像这样构建良好的关系，即使偶尔对方会想不通为什么要把某个工作交给他，应该也会接受，不会表现出不快，交予工作的一方也更容易。

几乎所有的工作都要由团队来完成，因此良好的团队协作可以让工作更快完成。

从这层意义上来说，团队成员之间的沟通也是重要的工作。

也许有人不擅交际，觉得在公司中与其他人沟通不是本职工作，好好完成自己的工作就可以了——这种想法是大错特错的。

如果想要快速完成工作，不爱和别人打交道的习惯必须要改掉。因为，如果不能与上司和同事沟通想法，是无法做好工作的。因为不爱交际而无法向上司提问，什么也不问便闷头处理他交予的文件，结果完全不符合他的想法，需要从头再做……会经常出现这样的情况吧。

对于不爱交际、认生的人来说，可以多观察别人，这种方法十分有效。练习根据咖啡馆旁边座位上人的对话、电车中人们的服装和外表等想象他们的背景。经过这样的练习，在以后的工作中也可以揣摩对方的情况和想法。

除此之外，一定要试着去人多的地方。参加恳亲会或研讨会、社会人社团，出席早间学习会等。即使觉得难为情，也要说服自己参加。努力多与陌生人交谈，会慢慢变得善于与别人交流。

记录团队的沟通内容

如果自己是一个领导，还应该注重团队整体的沟通。

假设部门有 A～E 等 5 人，可能会有 A 和 B 经常相互沟通而 C、D、E 往往得不到信息的情况。

如果你负责领导该团队，那么就要有意识地增加沟通的次数，并且提高质量。

特别是当职场中出现沟通不顺畅的问题时，首先，可以通过增加量来解决，将实际的沟通情况记录下来，看一看一周之内与某人说了多少话。

记录一周左右，就可以弄清楚哪些人沟通不足。尽可能与这些人多沟通，通过发送短信或邮件多与他交流。

其次，制作团队成员专用的页面、成员表也是很不错的方法。如果是5人团队，就可以写出每个人擅长和不擅长的事情，表扬的要点和建议。如果有生日和血型、兴趣及喜欢的料理等个人资料，也可以作为谈资。

一般来说，几乎所有的工作都由团队完成。因此，像这样记录沟通的管理表、制作成员表，可以让他们更深切地感受到大家是一个团队，要共同努力，因而整体会更活跃、更有效率。

即便自己不是上司，也可以记录与同事和上司之间的沟通——与那位上司并没有怎么说过话，下次去拜访客户时问一问这件事——我建议像这样将问题汇总。

在每天的早间活动、夜间活动中拿出10分钟时间做这件事，其效果最终一定会在工作速度上体现出来。

如果与某人关系不融洽、性格不合，希望改善关系让沟通顺畅，最佳的方法是一起去喝酒、吃饭。

如果对方不喝酒，也可以邀请他一起出去吃饭。我建议你试着主动邀请对方，询问他喜欢什么，然后一起去吃。如果对方是上司，突然邀请他单独外出的话会很难，但是如果有三四个人，一般都可以成功。不过人数也不要过多,因为人数过多可能会使沟通局限于关系较好的人之间,因此要尽可能少。

或许一开始会有点尴尬,但在恳亲会上和共进午餐时一定要坐在上司的旁边,这样会很有效。如此一来,关系自然会变好,以后就可以轻松地与他对话了,沟通也会更加顺畅,工作自然就会更顺利。也就是说,要有意识地增加接触机会。

传达信息时通过文章+直接"说两次"来防止失误

不仅是公司内部的人,在与工作中所有相关人员进行沟通时,在传达某项内容的过程中都很容易发生失误和龃龉,后续可能会导致出现麻烦。

为了解决这一问题,我建议尽量"说两次"。

这种方法分两个步骤,首先通过邮件或其他通信工具发送文章,之后打电话传达。

如果突然给对方打电话,对方不仅无法充分理解内容,还可能会忘记;而邮件等文章的话又很难表达感情和温度,因此不容易让对方产生共鸣。为了解决这一问题,我主张同时使用这两种方法。

具体做法就是在发送邮件 10 分钟左右后拨打电话。当前工作当中经常使用 LINE，当使用 LINE 时，要在显示已读之后拨打。

当然，也要根据工作的重要程度而定，并非固定不变。但原则上会执行说两次、传达两次。如果觉得传达两次之后仍然没有实现很好的效果，也会约对方直接见面交谈。

当今与过去相比，无论是工具还是信息量都呈爆发性地发展和增长的态势，因此，有时人们会感到消息的力量在相对减弱。很小一件事情的事先沟通也会发邮件，导致邮件堆积如山，因此不要觉得发送一次后消息就能传达到位。

如果消息足够重大，也许一次可以达到目的，但现实当中通常是很难的。

让人准确无误地行动的秘诀

我说两次是采用文章和电话两种方式，也因为考虑到希望传达手段和目的两项内容。

关于传达手段，一般来说使用邮件会比较简单，而传达目的则很难，因此通过电话沟通会更有效率。

以我在会计师事务所工作时经常遇到的工作为例，其中一项是处理请求对方提供资料的邮件。假设某家企业贷款3亿日元，支付的利息是300万日元。为了确认这一数字是否准确，首先会发送一封邮件，希望获取借款证明和银行的利息表等资料。

通过邮件可以轻松地传达需要××资料的要求，但真正的目的在于希望查看借款与支付利息的平衡，确认该利息金额是否合适。但是对方很难从文章中理解到这一点。因此在发邮件之后会拨打电话，此时会向对方传达，我们之所以这样做是因为，例如……

因为如果有具体事例，对方会比较容易理解。如果只是告知对方"请准备××资料"，他一定会一头雾水吧。而通过口头传达"因为这个原因有一些希望确认的项目。最好是有可以确认该项内容的资料，例如，银行给出的利息表或写有利率的资料"，对方应该会想到"证书可以吗"，并配合提供。

让人行动时，使其有明确的概念是重要的一步。让孩子跑腿时，即使母亲告诉了孩子"去买点胡萝卜、洋葱、土豆和牛奶回来"，孩子也可能在路上忘记。但如果告诉孩子要做炖菜，为了味道更加醇厚不要忘记买牛奶,那么孩子应该可以想到还需要牛奶,炖菜里要放的就是这个。

如果没有任何解释,那么有时会想不起来自己应该买些什么,因此可能忘记一些东西。如果向他解释为什么要买,就可以防止这种情况发生。

最后,妥善传达消息的最佳方法是直接见面交谈。相反,应该将邮件等文章视为力量最弱的消息。

直接面对面交谈时,肢体语言和氛围等传达的内容会更加丰富。其顺序是见面对话最有效,其次是通过电话等对话,再次是通过声音和视频媒体,最后是文字。

当无法使用视觉和听觉获取信息时,邮件等文章几乎对人没有传达能力。不过其具有保存性、记录性,因此适合正确地传达指示内容,但并不代表人们会因此而行动。

第 9 天　50% 时当机立断开始

放弃"完美主义",从"随意主义"开始

至此,本书已经介绍了很多有关效率化的技巧。如果希望真正使自己的工作速度远超现在、迅速完成工作,最重要的是要改变思想。

第一步就是我在最开始写到的"行动起来,不要停留在思考阶段"和"总之马上做做看"。说起来非常简单,但是仍有很多人并没有做到。

我所见到的效率低下的人大多都没有做到这一点。的确有很多单纯因为工作速度很慢、没有掌握电脑的使用方法、做事不分轻重主次等因素而导致工作很慢的情况。

不过,有些人明明能力很强却工作很慢,经过观察可以发

现，他们几乎都是完美主义者。

而我擅长边行动边修正轨道，因而会在大致掌握概要时便立即开始行动。"随意"，听起来有些负面，但我却深有体会，正面的"随意"才是效率化和提升速度的秘诀。

如果是完美主义者，很难在条件不够完善的状态下行动，总是要在调查、学习一些东西之后才能开始。而实际上大多数情况下要先试着做做看，在做的过程中可以改进，并且还可以找到不足的地方并学习，一点一点把工作做好。

从"先做做看"开始，会更容易取得成果

我将这样的做法命名为"当机立断"。与大多数人在一定程度上掌握概要后开始工作不同，我会"当机立断"。

从我的经历来看，无论是学生时代通过注册会计师考试，还是进入会计师事务所之后马上开始准备创业，一直都在不断地朝下一个目标前进。

决定做一件事的时候，一般是在掌握六七成概要的情况下就

开始行动。感觉上半懂不懂，大概50%的阶段就可以开始了。

工作就是这样的，有一定程度的了解之后就要亲自动手去做，这样才可以真正掌握。

例如，我刚开始工作使用Excel时，大概只明白50%。开始使用之后，有不懂的时候就去查询、学习，于是慢慢地掌握了使用方法。

如果在制作资料之前先购买Excel的书籍学习，100%学会之后再去做，其实也并不能100%发挥出所学的内容。通过实际尝试、亲身体验所获得的内容一定会更多。

大多数人都倾向于先学习而后行动，实际上先行动再学习的顺序更容易让人取得成果。

准备注册会计师考试时也是如此。通常大家的做法是先阅读教材，然后做习题集，参加模拟考试或做预测试题。而我经常采用相反的顺序，先看预测试题，之后回归教材，看如何讲解说明。

否则，由于教材要求全面完整，因而内容量十分庞大，不下一定功夫无法全部掌握，而且还不清楚内容的轻重主次。

新工作也是如此，虽然得到了概要和罗列了以往数据一览的庞大资料,但还是无法把握哪些内容重要,这种情况经常发生。相比从头记忆,从实践入手而后追溯会更有效率。

这也是前文当中提到的、推荐用 CAPD 替代 PDCA 的一大原因。

"边行动边思考"的意识可以提高工作速度

像这样,在明白 50% 时当机立断开始行动不仅比耽于思考的风险更小,而且益处多多。

首先,顺利的话也可能直接提早结束工作。即使并不顺利,也可以立即修正轨道。

假设上司交予你制作资料的工作,截止日期是一周以后。如果按照给定的截止日期去安排工作,很有可能像暑假作业一样,最后无法完成。或者虽然赶在截止日期之前提交上了,却发现方向性错误,需要完全推翻重做,最终没有赶上截止日期。这些情况都很有可能发生。

但是如果告诉自己截止日期是四天之后,从第一天开始便果断着手工作，就可以提前交给上司，发现有错误也可以修改，即使出现问题也有时间重新做，在真正的截止日期之前完成。

再看另一种情况，上司交给自己任务，要求自己完成一份新商品的企划方案。如果在脑海中设想各种可能性，想必也不会想出什么实际内容。此时，不妨先写出想到的内容，你会惊喜地发现有了一些思路，乍一看没有任何关系的事物却相互联系起来，还能想起过去思考过的东西。

虽然看起来有些随意，但一定要先尝试动手做做看。把握方向十分重要。

当机立断的要点是在中途修正轨道

不过，50% 时当机立断也不能太过随意。

不管三七二十一就动手，做出完成度只有 50% 的文件还是不值得提倡。而且，如果太过随意，结果在全部完成时发现思路完全错误的话，也只能是浪费时间。

首先，请有意识地进行 CAPD 循环。在行动过程中不断思考、修正轨道，虽然是从 50% 起步，结果却接近 100%，这才是最理想的。

如果是完美主义者，会通过 PDCA 100% 计划之后才开始，这样的做法效率不高。而即使是从 CAPD 开始，也会出现好不容易进行了检查并改进，却没有落实到行动当中的情况。

能够当机立断的人只要掌握了关键的要点，便会以快攻的状态着手工作，只要能做到这一点便十分有利。不过要记住，不仅要重复 P 和 D，还要在行动过程中修正轨道。

修正轨道的要点包括之前提到的第 8 天中的"不要逞一己之能，要借助团队的力量实现效率化"，最先做的应该是掌握整体情况。在此基础上，得到对方的批准之后开始行动。

也许你会觉得每次都这样很麻烦。但这就像绕道一样，从最终结果来看是最有效率的。

以前文提到的制作文件为例，应避免全部完成后直接提交，而是先向对方提交有一定完成度的想法，例如，"我想按照这种思路去做，可以吗"，进行确认。

如果没有问题，就可以开始制作。在制作过程中，最好向上司确认三次左右。不要怕上司觉得自己很烦而不愿意这样做，因为相比最终提交时不合格浪费了时间，这样还是很有效率的。在上司有时间的时候简洁明了地询问即可。

如此一来，即使出现失误也可以尽早挽回，而且已经让对方知道了你的目的，因此可以更快地接近完成。

无论电脑技巧和工作效率如何高，如果对待工作态度随意，就会经常出现无法完成任务、无法实现效率化的情况。

当然，如果是经常使用相同的文件已经形成模板，则不必每次都去询问。但是在开始一项新工作时，掌握整体情况，以完成的形式分享想法是非常重要的。

回复邮件时不要考虑超过 10 秒

回复邮件是快速处理的内容，应该立即执行。基本上要在打开之后立即回复。

原因在于，回复邮件严格说来可分成五个步骤，不断重复这些步骤需要花费很多时间和脑力，影响效率。

请回想一下自己是如何处理邮件的。

①收到邮件后，首先点击"打开"按钮；②打开之后阅读内

容;③思考回复内容;④动手写下来;⑤点击"发送"按钮后发送。

一般来说应该是这五个工作步骤吧。

明明进行到了步骤③,思考了回复内容,却又搁置下来,"还是一会儿再回复吧",这样之后又要重复相同的步骤。

因此,应该下定决心,打开之后立即回复。

当别人要求提供复杂的项目中的准确数字,无法立即回复时,可以不打开邮件,设置标记,之后在有时间的时候一口气完成回复。总之,一旦打开就要立即回复。

我在工作中使用 LINE 时也是如此。特别是 LINE 看不出已经回复了多少,因此一定会遵守此项规则。

快速回复的另一项基本原则是思考的时间不要超过 10 秒。

我认为邮件就是要根据当时的判断材料做出回复,如果思考超过 10 秒仍不知道应该如何回复,最终也只会浪费时间。因此,可以暂时不打开邮件,而是在有时间时再打开邮件进行思考,然后回复。思考 5 ~ 10 秒钟时间,在当时的情况下已经了解的范围内,简单地写出结论并发送给对方。

如果可以拨打电话或者见到对方,也可以简单写下发送内容之后拨打电话或直接见面沟通。

内容不需要很长。10行到20行是最好的，至少要保证在一个界面以内可以看完。

可以分条书写，尽可能不写文章，也不要使用接续词。相比"此次请发送有关××项目的××资料……"这种写得较长的内容，可以使用"请参照以下内容"，用单词概括出主要内容，还可以使用词语设置和模板，更加快速地写完邮件。

第 10 天　超效率信息收集术

⏰ 最能提高技能的方法是读书

我在第 1 天早间活动、夜间活动的推荐中写了，一定要每天在固定的场所进行信息收集工作。

不必花费过多的时间。读过第 1 天内容的人应该知道，早间活动、夜间活动各 10 分钟即可，一天只需 20 分钟。

我在前文也已经提到过，最有效率的信息收集方法还是读书。书中的信息已经形成了体系，因此易于学习；可以从今天开始执行的内容也已经记录了下来，因而值得信赖，能够立竿见影地提高技能。而报纸和网络上的信息却让人觉得不太能提高技能。

那怎样选择书籍呢？我个人会按照希望学习、深挖的主题，一次性购买10本当时最畅销的书。例如，希望提高业绩的话，会在亚马逊上搜索，一次性购买几本与销售相关的书中比较知名、口碑较好的书，每天阅读1本。

也可以请别人推荐书单。咨询在该领域中值得信赖的人，"有什么好一点儿的书吗"。这里有一点很重要，就是对方回答自己之后，一定要立即在亚马逊上下单。人们经常会想"稍后再做吧"，这种想法是最不可靠的，最后甚至会忘记书名，很没有效率。

除此之外，还可以去大型书店，找到"目前畅销的商业书"区域，先尝试从那里购买有兴趣的书。如果有"必读书目"等质量有保证的推荐清单，也就是名著或畅销几十万本的畅销书，推荐尽可能全部买下来并认真阅读。

我基本不会根据自己的判断去购买，而是相信他人的推荐和各类排行榜单，尝试先通读一遍。

如果身边没有人能够推荐书目，也可以尝试选择著名的企业家或研究人员推荐的书。在当今的时代下，只要在网上搜索，这些信息可以很轻松地获得。

我的观点是，被大家视为一流人才的人都会读书。因此，如果公司或公司外有这样的人，可以询问他有没有读后感觉比较好的书，一定会得到答案。

阅读时一定要记笔记

一次性购买多本书的原因在于，仅仅读一本书是无法知道它的内容是否正确、是否确实是好书。

购买多本书并逐本阅读，寻找其中相通的部分。如此一来，就可以发现不同作者都认同的相通项目，这些就是重要的内容。

不能止步于一本书，一定要多读几本，这样才能真正学习到知识。

并且阅读方法也十分重要。我实践的做法是阅读之后一定写下笔记，只是读完并不能在脑海中留下深刻的印象。

然后是我的个人习惯，感觉纸质书籍比电子书籍读起来更方便。由于我是以超速读的方式阅读的，如果是电子书籍的话，需要逐页翻页，很浪费时间，读起来不方便，所以我倾向于阅读纸质书籍。而且纸质书籍后续很容易复习，又易于通读，所以可以更快速地学习。

虽然称之为"超速读"，但是阅读时更像是"俯瞰"，而不是真正的速读。

首先看封面，阅读标题，通读腰封和衬页上吸引眼球的词句，想象书中都写了什么内容。如果《××学习法》的书里写了"尝试舍弃常识的瞬间人生开始改变""世界上独一无二的高超技巧全部囊括在本书中"，就会想着独一无二的学习方法是怎么样的，抱着期待去查看目录。

接下来大致浏览一下目录。首先是了解其中的章节，第1章是介绍××，第2章是具体的技巧，第3章是向他人学习，第4章是激励……这样就大体上掌握了书的结构。

然后决定顺序，从哪里开始看，阅读该章的小标题。如此一来，就可以大致掌握内容，将其中有益于自身学习的部分记在笔记上。

不仅要记录觉得有用的部分，也要记下不明白的部分。然后通读"前言""结语"部分，查看感兴趣的小标题页面的粗字部分。还可以在1分钟之内阅读1页，甚至只用5秒左右。

通过这些方法，每本书大概只需要 15 分钟。如果能在早间活动中完成，就可以实现主要的输入和输出。

然后可以在通勤电车中快速地查看复习记录在手机中的内容。如果方便打开书，也可以阅读不明白的部分。

除了在电车中，也可以在夜间活动时复习，同样很有效。

如果是完全不了解的领域，就可能需要更加仔细认真地阅读。即便如此，复习时大致需要的信息也已经在脑海里留有印象了。

需要相同比例的输入和输出

通过书籍收集信息时的要点在于不止步于输入，也可以说不仅限于读书。信息收集的基本要求是必须要确保输入和输出各占 50%。

吸收了信息却不加以运用是无法真正掌握的。假设有一个小时时间读书，那么如果花 30 分钟阅读，花 30 分钟将内容讲给别人听，一定会印象更深刻。

读书本身并不是目的，只有将其中的内容付诸实践才会有效果。因此，用10分钟、20分钟的时间有效率地阅读，然后立即行动，这样阅读书籍才是有效率的。

因此，在阅读之后一定要脱离书本。

阅读之后请一定要在某个场合向他人分享，或写在SNS和博客上。

如果无法与别人分享，在早间活动时记笔记也是一种输出。

进而尝试在亚马逊上写下书评，在博客或Facebook上发表。这样学习效果更好，效率更高。

在亚马逊上发表评论之后，可能会有人按下"参考"的按钮。在Facebook上发表可以集到"赞"，也可能会有人发表评论。

如此一来，通过与他人分享或写下评语，可以检验他人会有怎样的回应，进而可以收集更精准的信息。

综上所述，最有效率的信息收集方法是自己发布。提到收集，我们的第一印象会感觉是被动的，而在现代，信息是集中在发布一方的。

可以通过网络向网站投稿，也可以写博客。现实中可以尝试担任研讨会的讲师、在学习会上发表等，自己主动发送，而不是被动接受信息。如此一来，好的信息、好的人脉就会自然而然地聚集过来。

如果有人觉得自己无法做到这些，那么也可以匿名在智慧袋等服务上投稿、在亚马逊上或者5ch（日本论坛网站）上发表评论等。无论以何种形式，只要发言，一定会有人回应。

如此一来，与发表的内容相关的信息就会有效率地收集起来。

难以集中精力时通过音频学习

除阅读之外也有很多信息收集的方法。如果是在通勤电车中，向你推荐听音频学习。

可能有人会说可以在电车中阅读书籍或报纸，在网上浏览新闻或博客、查看 SNS 等。不过对于我来说，在电车上如果没有座位，很难做到站着阅读，而且很难集中精力，因此觉得这种环境不太适合认真阅读。

考虑到这个问题，可以选择用耳朵听，这样在完成输入的同时也不会让人感到疲惫。

有很多不同种类的信息源，例如，播客和 YouTube（一个视频分享网站）、有声书等，因此只要把这段时间用来听就可以了。我也在 YouTube 上传发布了很多视频，在播客中开通了三个广播节目，如果能够以 2 倍速听，早晚通勤的时间也可以学习到相当多的内容。大家有兴趣的话，可以搜索"金川显教视频""金川显教播客"。

因为工作性质不同，有人可能需要掌握时事新闻和报纸上的企业信息。我在会计师事务所任职时，每天都要读《日经新闻》。

在电车中阅读纸质报纸非常麻烦，而用手机阅读既方便又容易保存报道。因此，我就从阅读《日经新闻》变为阅读《日经新闻电子版》。

其他方法还有订阅新闻类的邮件杂志等。为了集中学习与书籍相同的主题，可以注册相关的有有效期的邮件杂志，每天早上阅读。

我的方法是在上网时一旦发现有需要的内容，会一口气搜索相关内容进行学习。因此，如果没有经常购买阅读书籍的习惯，当集中学习某项内容时，可以在网上查看一系列相关的信息。这也是一种不错的学习方法。

真正的学习在恳亲会，而不在研讨会

如果想要接触到更真实的信息，可以参加研讨会。

这里我建议你一定要参加恳亲会（联谊会），其价值高于研讨会本身。

一般来说，研讨会要面向大多数参加者，因而容易止于一般观点，不会针对个别事例。而恳亲会，可以获得与讲师一对一对话的机会。

与成功者直接对话无疑是最有效的学习方法，因此一定要把握这样的机会。即使没有时间没能听到研讨会的内容，也要在研讨会结束前 5 分钟进场参加恳亲会，这是十分重要的。

研讨会中，有些内容讲师很重视因而反复强调，但是参加者很难理解。通过恳亲会上一对一的询问，不仅可以得到建议，"其实这部分的 ×× 所占比例是很重的"，还可以了解到内情或在众人面前难以发表的成功秘诀。这部分内容会真正地影响到自己后续的实践。

因此，参加研讨会时一定要坐在最前边，恳亲会上一定要坐在讲师的身边。

真正应该记下信息的并不是在研讨会会场，而是在恳亲会会场。恳亲会才是花钱参加活动的真正原因，是决定胜负的时刻，请好好利用机会。

从这一点来说，恳亲会并不只是单纯地为了吃吃喝喝，而是要收集信息。

当然，也可以与出席恳亲会的其他人交流，但是最重要的还是讲师。在恳亲会上，距离会自然拉近，这也是让讲师记住自己的机会，因此应该击败其他竞争对手，接近讲师。

但是讲师周围可能围着很多人，很难获得与他一对一对话的机会。其实讲师身边的人一般也都是优秀的人才，应该与他们搞好关系。而其他只是喝喝酒、吃吃菜的人，可以认为并没有那么优秀。区别对待不同的人更有效率。

不仅是恳亲会，信息收集过程中真正能够学到东西的正是这种实实在在吃饭的时间。因此，如果在你的周围已经有取得成果的人，一定要邀请他们一起吃饭，多向他们提问。

大家要牢记，从取得成果的人那里直接听到的成功体验和肺腑之言，才是最重要的信息。

第 11 天　超效率时间管理术

用自己决定的计划排满日程

很容易就变得懒散；时间管理不顺利；每天有着这样那样的计划；忙得不可开交，却又感觉什么也没做好……

相信很多人都有这些烦恼。我自己也负责很多业务，要和很多人打交道，除了这些之外还要撰写书稿。因此，经常有人问我应该如何管理日程。如果说我与他人有什么不同，那么就要数"首先将自己做的事情加入计划"。

通常加入日历中的计划都是与他人的约定或者活动计划，而我从很久之前开始，就会将自己今天应该做什么、明天应该做什么作为计划写入日程。

这样做的好处是，每天都不会没有任何安排，时刻处于日程满满的状态。这样一来可以养成习惯，当有人问"明天晚上 7 点有空吗"的时候,就可以用"明天已经有安排了"来拒绝。

否则,当看到日程是空着的时候,会错误地觉得有时间,于是接受他人的邀请,最终什么也做不了。

因此,7点半开始早间活动,18点半离开公司,19点在星巴克开始夜间活动……每天将这些计划列入谷歌日历,可以用手机设置好闹钟,到时间后闹铃响起。

我在准备注册会计师考试的时候,也曾将早晨6点到晚上12点的计划安排得满满的,果断地拒绝了所有邀请。慢慢地,我进入了一种在黑暗中独自发光的状态,别人会觉得我和别人有些不一样,知道邀请我也会被拒绝,便不会再邀请我了。

达到这种程度之后,应该不会再接到任何邀请了,但正常生活中还是会遇到各种诱惑和打扰。为了能够彻底拒绝,要在所有时间加入自己行动的计划,到时间后按照计划进行,"接下来已经有计划了"。

如果有人问有什么计划,可以回答"要准备资格考试""还有工作没有做完,实在抱歉"等,总之要让人对自己有一种"这家伙太忙了"的印象。长此以往,就不会有邀请了。对于关系较好的朋友，可以事先解释清楚。

另外，在一定程度上完成了自我管理，偶尔希望放松一下的时候，也许没有必要拒绝所有诱惑。此时，只要在早间活动、夜间活动的 30 分钟内集中精力，也可以迟一些去喝两杯或者享用美食，让自己放松一下。

确定目标并逼迫自己完成，就可以抵制住诱惑

像这样遵守自己决定的约定计划实际做起来并不容易。

好不容易将早间活动、夜间活动纳入轨道，一旦有人约你吃早餐或者晚上去吃烤肉，还是会有一些动心的。那么，应该如何每天保持专注力，持之以恒地坚持下去呢？最终就是要达到一种不需要刻意地提高专注力的状态。

说得简单一些，假设你正在踢足球或打棒球，当球来到眼前时，并不是想今天要吃烤肉的时候。此时会进入停止思考的状态，一心想着一定要进球，一定要击中。

这是因为在那一瞬间你已经完全沉浸于比赛中。反过来说，除非是在极限状态下，否则人无法保持专注力是理所当然的。

那么应该如何保持这种状态呢？

我认为首先要下定决心，逼迫自己。如果要创业，就要花光所有的积蓄报名参加讲座。提交辞呈，破釜沉舟，使自己处于不得不做的境地。如果能做到这一点，任何人都可以创业成功。

此外，我不会将树立目标的事情告诉别人。

和别人聊这些不但浪费时间，而且一般都会遭到质疑和反对。他们会说你的想法根本没有意义，劝你放弃。

因此，最好的状态是下定决心默默地为自己设置一个较高的目标，并努力去实现。

如果接到邀请时确实非常想去，也可以去。但是要严格遵守早间活动、夜间活动的时间。如果连这些都做不到，相信很难取得成果。

为浪费的时间付钱，养成时薪思维

无法逼迫自己到那种程度……对于这些人来说，可以尝试另一种方法，"用时薪思维思考时间"。

正如第 4 天的内容中介绍的，要时刻意识到将自己的一个小时换算成时薪大概是多少钱，浪费一个小时会有多少损失。

例如，观看一个小时的娱乐节目，在手机上查看 SNS 或花费一个小时玩游戏，并不会感到有什么损失。的确，即使觉得有点浪费时间，一般人也不会有太多罪恶感。

那么，假设明明没有得到任何物品或服务，却不得不支付 2000 日元，会是什么感觉呢？

想必大家一定会觉得损失很大。是否会觉得绝对不能做那样毫无意义的事情，有 2000 日元可以买到很多东西？

是的，假设月收入 30 万日元，每个工作日工作七八个小时，换算成时薪大概是 2000 日元，你无所事事地度过的一个小时就损失这么多钱。

如果你是管理者，已经创业，就一定会觉得这样太浪费了，有那么多时间还不如用来赚更多的钱。正因为是自己在工作，所以才会切身体会到浪费时间就等于损失金钱。

普通的公司员工总是可以收到固定金额的工资，因此不太会有这种时薪思维，对浪费时间也不会感到痛苦。

如果想要更加深刻地体会这一点，尝试为时间付费如何做呢？例如，观看一个小时娱乐节目，不用 2000 日元，在储蓄罐里放入 1000 日元就可以。

每次无所事事地度过一个小时的时候都向储蓄罐内放入钱，试着这样生活一个月。如果能存下 2 万日元，就代表一个月总共浪费了 20 个小时。

不仅是无所事事地度过一个小时，如果有一天偷懒没完成早间活动 30 分钟，也要放入 500 日元——像这样在没有践行自己决定的计划时存入钱。

自己做的话还是自己的钱，实际上并没有损失。如果想要效果更刺激，可以和学习会中的伙伴一起尝试，这样可能会更有趣。如果哪个人当天偷懒没有学习的话存入 1000 日元。最终在一个月中存入钱最少的人可以获得所有的钱。如此也可以激励大家管理好时间。

时刻保持时间观念，锻炼效率化思维

观察那些没有以时薪思维思考的人，包括未能很好地管理工作进度或日程的人，可以发现，他们一般都有很多"无意识的时间"。

换言之,无意识的时间即为"浪费的时间"。

这些时间并不是现在为做某件事情而有意识地努力的时间,而是无所事事地虚度光阴。从这一点上来看是在"浪费"。

从这个角度来看,花时间去喝酒、参加聚会,是为了加强与职场的前辈和同事们之间的信任关系,作为一个团队能够更好地开展工作所需的时间。这样想是一种有意识的时间使用方法,并不是浪费。

即使某天想着今天回家之后放松地喝一杯,如果这是为了诞生新的想法和创意而去放松,或者与自己对话,也是有意义的。

就连睡觉的时间,如果视为是将早间活动和夜间活动中收集到的信息、运行 CAPD 获得的结果渗透进脑海中,以便从早晨开始能够集中注意力,开展工作,为此而进行充分的休息,那么这也是有意义的时间。

像这样时刻意识到"现在自己正在做的事情是为了什么"的话,最终一定可以消除浪费的时间。

假如无法让自己有明确的意识,一有人邀请便去喝酒,一直待在家里边看电视边喝酒,然后直接洗澡睡觉……一定会不知道自己做了些什么,最终结果就是浪费了时间。

有些工作和时间的使用方法乍一看没有意义,但是只要自己清楚是为了什么,也是有意义的。

即使是第4天中应该断舍离的去便利店的时间,如果是为了能吃到最喜欢的便利店的限量栗子蛋糕,工作起来会更有干劲儿,那也绝对不是在浪费时间。

重新审视散漫随意的日常生活,将其当作新体验的场合

如果总是有意识地对待时间,对于时间的感受应该也会有所不同。

乍一看没有意义的聚会、睡觉时间和与前辈闲谈的时间实际是为了工作,而原本是工作内容的会议和日常工作却没有丝毫关系,结果单纯地变成浪费时间,这种情况经常发生。

这样的时间会让人觉得很漫长,短短的一个小时却会有长时间被束缚的感觉。时间的长度是一样的,观看喜欢的电视剧和体

育比赛时间转瞬即逝，工作起来就会感到时间很漫长……这些人可能会觉得这项工作很无聊，没有兴趣。

同样是一个小时的时间，相比机械地复印、盖章等做日常工作，把这一个小时用来宣讲，一定会感觉时间一下子就过去了。

因为像宣讲这样可以向他人传达信息、活动大脑的工作，或者自己擅长且有兴趣的工作，虽然时间长度相同，但会有密度大、有效率地完成了工作的感觉。最理想的就是以这种感觉度过一天，觉得今天也从早晨忙到晚上，一下子就结束了。

想要达到这种状态，一定要尽量多动脑，做自己擅长的工作，将不擅长的工作和单纯的日常工作交给他人，形成模板有效率地工作。

如果还是感觉工作时间很漫长，可以自己有意识地尝试重新审视，尽可能使其成为带给自己新体验的场合。比如，觉得例会的时间过于漫长、有些浪费时间，可以尝试在会上发言，取代以往只是聆听的角色。

不要在意职务和立场，大胆尝试发言，提出问题。这样做也许会有意外的发现，会议的时间就会成为给自己带来新体验的场合。

一般来说，在公司中踊跃发言的人的评价会高于只是坐着听的人。总之，从只是坐着参加的状态转变为积极地动脑参与，看看自己能否完成一些新的内容。如此一来，不仅可以有效地利用时间，周围人对自己的评价也会转变，认为自己是一个工作能力很强的人。

珍惜时间的"当机立断"练习

如果珍惜时间并有意识地度过，想法也必然会产生变化。其中变化最大的就是做事能够当机立断。

如果珍惜自己的时间，应该就不会再为不相干的事情感到困扰。要养成习惯，既然理解了时间的价值，就要有意识地用好，只关注有用的事情。

也就是说，如果做不到当机立断，也就做不到珍惜时间，无法有效率地利用时间。我们应该总是在 1 秒内做出决定。

但是从一开始就做到当机立断绝非易事。一流人才都可以当机立断，而一般人通常都会左右比较、权衡，在做决定时花费很多时间。

此时，可以首先尝试练习在 1 秒内决定午餐吃什么。拿到菜单时，选择外带的便当时，在 1 秒内果断做出决定。

我也曾用这种选择午餐的方法练习过。通过不断地积累这种小的成功体验，随之而来的效果是在工作当中也可以当机立断。因为午餐而烦恼的人最终会对所有事都感到烦恼。觉得烦恼的话可以选择"今日推荐"，总之要立即决定，练习的时间可以从两周持续到一个月。

除此之外，尝试在购买书籍时立即决定，马上选好饮料和纸巾等消耗品，尽可能选择日常生活中每天都会做的事情进行练习。

并且基本上都要通过 CAPD 评价决定，加以改进，在此基础上坚持练习当机立断。

于是自己就可以按照"肉和鱼相比，吃肉会感觉更满足，所以主菜选择肉"的流程决定了。

决断的最高境界在于不必考虑，事先就已经决定好了。如果养成了习惯，例如，平时的饮料只喝水，料理只吃日式料理，衣服只穿优衣库的白色衬衫和牛仔裤，那么也不必当机立断了。

人的专注力是有限的,因此思考越久就越不能集中,工作的效率也会降低。思考、决断工作之外的事情也会耗费相当多的脑力。虽然是微不足道的小事,却会导致工作效率低下。

说得极端一些,有时因为决定某一天的午餐菜单而犹犹豫豫花费了5分钟,当天下午便会感到疲惫。明明是难得的放松充电时间,结果反而让自己更疲惫,给工作也带来了影响,这样是不可取的。

让我们有意识地尽可能减少日常生活中所有事情的决断次数。从这一点来说,工作中实现模板化、习惯化是非常有效的。

第 12 天　打造极致睡眠

⏰ "表现"＝"技能"×"状态"

如果已经完善了能够高效工作的环境，掌握了效率化的思维，也提高了工作本身的技能，这样是否就达到了工作的最佳状态呢？其实还有另一项重要因素。

的确，如果掌握了前文介绍的所有内容，职场人士的实力一定会有极大的提升。这一点毋庸置疑。但是你是否可以凭借这些在每天的工作中最大限度地发挥出实力，还与另一项被称为状态的问题息息相关。

恐怕公司职员几乎都没有意识到状态的重要性。

实际上，只要技能达到一定程度之后，能否做好工作完全取决于状态。无论一个人的能力有多强，如果心理层面不够稳定，睡眠不足的问题持续不断，不注意饮食，也不去运动，体力不支……在这样的状态下，也许反而是普通人更能取得成果。

根据经验，工作的技能学习到一定程度之后，无论由谁来做都不会有太大的差别。掌握快捷键操作和速读等几项技能，在技能层面并不会逊色于一流人才。

而最终决定能否取得成果的是能否最大限度发挥自身能力的状态，即能否将表现最大化。这里的表现实际上取决于"技能"ד状态"。

因为是乘法，所以即使提高技能部分，如果状态处于劣势，也会与能力不如自己的人一样，或者只能完成实际能力之下的工作。

我自己开始的时候也没有意识到这一点。意识到这一点的契机是准备注册会计师考试时，回顾没考上大学待在家的时期，发现"没有休息好是最大的失败原因"。

睡眠不足的人更难完成工作

我在落榜后复读的时候，每天只睡两个小时，最多的时候也只有四个小时左右。因为受"四当五落"[1]这句话影响,觉得只睡四个小时的人可以考中,而睡五个小时的人则会落榜。

我深信,每天多睡一个小时,一个月就是 30 个小时,一年学习量就会有大约 365 个小时的差距,这正是决定考中与否的决定性因素。因此不断压缩睡眠时间,用来背诵单词、熟读参考书……不顾一切地拼命学习,给自己打气,告诉自己一定要考中。

不过现在回想起来,虽然感觉实现目标的动力和自信等心理因素达到了非常高的水平,但身体却非常疲惫。因而虽然干劲儿很足,但还是会很容易变得困倦,经常趴在桌子上就睡着了,或者总是发呆走神,很多时候效率十分低下。

当时,完善睡眠以外的环境、保证合理的饮食、当机立断做决定都没有做到,因此身心疲惫不堪,处于几近崩溃的状态,只是靠着信念支撑着自己一天一天地坚持。

---

[1]睡四个小时可以考中,睡五个小时就会落榜。——译者注

决定参加注册会计师考试时，我反省了这一点，重新审视了自己的生活方式——绝对不要让睡眠时间不足，想要通过考试，一定要保证充足的睡眠。

于是在准备注册会计师考试时，每天都睡够六个小时。相比平均睡眠时间只有三个小时的复读时期，虽然每天的学习时间减少了三个小时，但我却觉得学习时专注力没有中断，不会浪费时间，学习量反而有所增加。

正因有这样的经验，当我步入社会开始工作时，也会有意识地让自己保证充足的睡眠，以便有效率地完成工作，取得成果。

即使压缩睡眠时间不断加班，最终也会导致不能保持专注力，无法有效率地工作，然后不得不再次加班……如此恶性循环下去。在开会的时候发呆，完全听不进去议题，被别人提问时甚至不知道他在说什么，这样的话评价也只会越来越差。

的确，压缩睡眠时间会让工作的时间变长。但是，充足的睡眠可以让人觉得已经睡得很多了，接下来一定要努力工作，能够集中精力的时间反而会更长。

经常有人说："因为工作做不完，所以最近睡眠不足……"让我说的话，应该是"因为睡眠不足，所以工作做不完"。不改变这种想法，工作速度是无法变快的。

我曾经那么努力，成绩却没有提高。原因并不在于有没有时间，而在于因为睡眠不足而导致能力没有得到正常发挥。正是因为深刻感悟到这一点，所以才希望大家能够勇敢地改变对睡眠的想法。

早晨的活动中蕴含着很多机会

思考睡眠时，除了保证充足的时间之外，还有几项要点。

首先，如果希望早起，请注意早睡，而不是一味强调要几点之前起床。

合理的睡眠时间因人而异。假设睡眠时间是六个小时，可以在夜间12点之前睡觉，每天早晨6点起床。不要已经过了12点了还不睡觉，做这做那。

如果不必一大早就去运动，可以每天早晨6点起床，7点出门，做30分钟的早间活动……形成这样的循环之后，早晨有输入的时间，在公司进行输出，夜晚进行复习，不断应用CAPD进行反思、检查。

虽然早晨和夜间进行两次输入会比较有效,但是在早晨更能集中精力。因此,是否能够利用好早晨的时间会很大程度上影响工作。

早晨电车上没有多少人,行动的人还很少,因此这个时间段有很多机会。我有一位朋友是保险公司员工,年收入超过1亿日元。据说他每天都会提前两个小时到公司工作。

有关保险的知识大家并没有很大差别,所以他要提前两个小时到公司,学习销售知识,给客户发送邮件。这样客户早晨7点就会收到邮件,因而会觉得"这么早就开始工作了,真令人佩服啊",产生良好的印象。说得极端一些,相比中午一两点发送的邮件会有更好的反响。这样工作上就拉开了差距。

相反,如果是加班到半夜一两点才给客户发送工作邮件,就会让人觉得"这么晚还给客户发邮件,太没有礼貌了"。我在会计师事务所的时候也曾因为这个问题被上司提醒过。同样是在工作时间之外,早晨会让别人觉得"十分努力",评价很高。

顺便说一下,工作上拉开差距的秘诀是在大家什么都没有开始做的时候工作,这一做法非常有效。不过,夜间更应该为第二天调整自己的状态。如果可以在第二天早晨拿出一个小时的时间，就会有更好的效果。

还有在休息日睡懒觉的习惯也应该改掉。人体的生物钟基本上是固定的，如果经常在6点起床，而在星期日睡到10点的话，星期一6点起床时会感到很疲惫，导致效率降低。

因此，每天将闹钟设置在固定的时间，设置好之后在固定的时间起床。如果希望在休息日好好地睡上一觉，可以在固定的时间听到闹铃后起床，中午的时候睡一会儿午觉，可能会有更好的效果。

不妨花重金购买舒适的床垫

当确保一定的睡眠时间，可以在固定的时间就寝时，接下来应该考虑的就是如何提高睡眠质量。

这里重要的是寝具。可以说枕头、被褥和睡觉时的穿着等因素决定了睡眠的质量。

其中最应该注重的是睡觉的基础，也就是床垫。床垫是非常重要的。从某种意义上来说，与工作表现的紧密程度甚至超过了选择电脑，因此一定要选择质量好的床垫。

我认为花费重金购买优质床垫是对工作的一项很有必要的投资。

顺便说一下，我目前正在使用的床垫是老厂家品牌"金斯当"的产品，价格在 200 万日元左右。我可以想象有人会惊呼"200 万日元？我绝对买不起！""一个床垫居然花了 200 万日元！"。

其实我在选购此款床垫时也犹豫再三。金斯当其实也有 30 万日元左右的产品，品质也已经很好。30 万日元、60 万日元甚至是 200 万日元的产品，从外观上完全看不出有什么不同。

因为细微的差别价格却高出数倍……我也曾持怀疑的态度。但实际体验过之后就会发现，确实是一分钱一分货。

价格便宜的产品感觉很硬。如果一直睡那样的床垫，习惯了之后并不会觉得很硬或者不舒适。但一旦睡过高质量的床垫，就会对其中的差别感到震惊，"之前那么硬的床垫我是怎么睡的啊？"。

我购买的 200 万日元床垫是其中相当贵的一款。最初睡在上面时，真的像睡在云朵上一般舒适，让人不由得梦呓一样自言自语，觉得如果有天堂也不过如此。于是下决心购买了这款超高级床垫。我觉得这是创业以来购买的物品中最为成功的一款。

多亏购买了这个床垫，我现在上床之后1分钟即可入睡。当然，除此之外还有适当运动、注意饮食、磨炼心智的原因，这些也同样很重要，不能完全归功于床垫。不过，入睡困难的问题几乎完全消失，能够从一大早开始便集中精力投入工作，这一点值得肯定。

选择好寝具是为了更好的表现投资

从这种意义上来看，如果考虑到床垫要用一辈子，是不是就会觉得200万日元也并不是十分昂贵？

30万日元的床垫如果使用十年，那么一年是3万日元，一个月就是不到3000日元。这样只要每个月省下一次外出吃饭的钱，或者不买不必要的东西就可以节省下来。因此我认为一定要把它当成是投资去购买。

如果有人觉得30万日元的床垫也舍不得买，还可以购买无印良品的低反弹床垫，价格只有10万日元左右。我曾听周围的风险创业人士说过，这款床垫虽然很便宜，却能提供非常高质量的睡眠体验。不妨买一个尝试一下。

如果有人看到这里，仍然对在寝具上花费如此重金感到不能接受，请一定在下班回家的时候去一次家具店，实际躺在席梦思和金斯当等品牌的床垫上感受一下。

相信如此一来你一定会有切身体会，到现在为止自己家睡的床垫是如何影响效率、如何导致自己的表现持续低迷的。也许认为没有必要花费重金的人只是因为没有体验过，不清楚罢了。

选择好的床垫之后，枕头、床单和被褥等其他寝具可以听店员的介绍。这些寝具也要自己亲自挑选，选择喜欢的类型。

此外，卧室的窗帘应该选择质地较厚的遮光窗帘。我习惯早晨让阳光自然地唤醒自己，会把窗帘打开。如果是习惯睡到很晚的人，应该留意选择适合自己的。

最近似乎很多人都有着睡眠烦恼，总是觉得睡不好。另外，也有很多人真的处于忙碌的阶段，没有时间好好睡觉。

对他们来说，应该尽量选择舒适的寝具，创造可以获得高质量睡眠的环境。

并非只要选择高价的商品就能达到目的。关键还是要亲自去店里仔细地进行调查、验证。如果要定制枕头，还需要仔细询问店员，告知其工作的性质和预算，与专业人士商量，进行更成功的投资。

不要穿运动衫——睡觉时的穿着也要重视

除了寝具之外，我对睡觉时的衣服也很讲究。

如果穿着不舒服，感觉被束缚，就无法消除疲劳。睡觉时一定要换上宽松、肥大的衣服。当然，可以选择昂贵的睡衣，也可以选择优衣库等价格低廉的衣服，只要选择大两个尺码即可。

比如自己平时穿 M 码，就可以选择购买 XL 的 T 恤来代替睡衣，下装可以选择肥大的裤子。推荐尽可能选择穿上之后像没穿一样的衣服。

运动衫就是一个不好的例子。有人把运动衫当作家居服，直接穿着运动衫睡觉。而运动衫原本是运动时穿的，所以并不适合睡眠时穿着。

如果不相信睡觉时的服装会对睡眠的质量有很大影响，不妨和床垫一样，亲身体验一下。穿着牛仔裤和衬衫、系着皮带睡觉，与穿着宽松的睡衣睡觉，应该可以体会到起床时的感受以及消除疲劳程度的不同。

  我为了早晨起床后能够神清气爽，还会经常在枕边放一杯水，起床后马上喝掉。

  一口气喝完之后，立即去洗脸台洗脸，戴好隐形眼镜，开始刷牙。当完成这一系列的习惯动作之后，基本上都会很清醒了。

  睡眠时间不足、睡眠质量不佳与饮食不当一样，都会给状态带来不良影响。为了能够在早晨神清气爽地醒来，请大家一定要尽可能注意营造良好的睡眠环境。

第 13 天　注重饮食和运动

通过合理的运动习惯保持体力

除了睡眠之外，我还非常注重饮食和运动，以及如何消除大脑和心理的疲劳，让自己保持良好的状态。

大脑和心理部分已经作为精神方面做过一些介绍，想必大家基本上已经理解了。但是好像越热衷于工作的人越容易忽略身体状态。

我在前文中提到，这一部分真正会对工作产生很大影响。因此，除睡眠之外，还应该养成合理饮食、适当运动的良好习惯。

我已经意识到了这一点，所以现在饮食方面会尽可能吃一些对身体有益的食物，无论多么忙碌，也会坚持定期运动，已经完全养成了习惯。

这样注重饮食、运动，即使有时睡眠不足，仍然可以保证基本的体力，正常完成工作。

此外，平时坚持锻炼身体，通过运动和训练让身体活动起来，睡眠质量也会有所提高。饮食也是同样的道理，多吃一些对身体有益、易于消化的食物，有助于得到舒适的睡眠。

因为这些方面紧密相连，所以全部都要注意。例如，明明运动了，如果蛋白质摄入不足或者睡眠不足，肌肉也不会增长。

虽说运动很重要，但并不能每天不间断地去做。最新研究结果证实，如果连续运动中间不休息，肌肉很难增长。

因此，我现在会在周三和周六锻炼肌肉，而且时间并不很长，采用锻炼一个小时肌肉，然后进行 30 分钟有氧训练的做法。

加上注意饮食，靠这些得以保持紧致的身材。

其他向你推荐的方法还有平时经常保持腹部用力。无论是坐着还是走路，经常保持下腹部用力，可以锻炼出腹肌。

其实我在会计师事务所工作的时候完全不注重饮食和运动，虽然并没有过分发福，但是腹部周围也堆积了很多赘肉，这就导致即使在工作的时候也会经常想着这个问题。虽说只是些琐事，但是注意力都放在这上面一定会影响到工作的状态。

当时实践的就是这种方法。得知可以很轻松地增加肌肉之后便开始尝试，结果发现效果不错。腹肌真的出现了，姿势也变得更挺拔。没有时间去健身房的人一定要尝试一下。

事先决定要吃的食物

相比睡眠，我注意到饮食和运动的重要性要晚很多。

首先，反思了复读的时期，从准备注册会计师考试的大学时代到会计师事务所工作时期一定会让自己保证充足的睡眠，因此状态变得不错。

但是，真正开始注重饮食和运动是在创业之后，其实有些晚了，对此我有些后悔。因为我深有感触，通过改善饮食和运动最终可以提高工作效率，而工作效率直接关系到收入提高。因此现在已经完全养成了习惯。

改善之前，很多方面没有养成好习惯。例如，饮食上喜欢可乐、拉面、猪排饭、中华料理，想吃什么就吃什么，毫无顾忌。去商场地下街看到的所有菜品都觉得非常美味，不知道应该吃哪一个。

创业之后我意识到，因为这些事情而徒增需要做决断的烦恼只会让大脑疲劳，无疑是在浪费精力，而且摄取的全部是对大脑和身体不好的东西。因此，吃什么、在哪里吃，现在基本上已经固定下来。

我还请了教练，除了运动方面，饮食方面也会请他进行指导。掌握哪些食物对身体有益、哪些食物无益、应该做的运动、不应该做的运动，现在行动起来完全不会迟疑。

说到吃东西的时间，消夜绝对要杜绝，晚餐应该尽可能提前。这样的话肚子会饿，自然可以精力充沛地迎来一天的清晨，而且也不会睡懒觉。

此外，我还通过锻炼肌肉来锻炼身体，因此晚餐基本上吃得很少，会吃一些富含蛋白质的肉和鱼。肉尽可能保持原汁原味。肉饼或咖喱需要很长时间消化，一直要持续到第二天，因此尽量不吃。另外，酱汤的盐分比较高，也不会喝。

那么有什么推荐的菜品吗？我经常会吃大户屋的"炭烧醪糟鸡肉套餐"，这个套餐可以说是训练的最强菜单。

应该注意的是米饭一定要少，而且要吃杂粮。沙拉汁单独盛放在别的盘子里，吃鸡肉时不要吃鸡皮。吃生鸡蛋有助于增肌，因此上面可以加生鸡蛋，想换换口味的时候可以加上山药泥。

⏰ 工作能力强的人爱吃肉多于碳水化合物

这样改变饮食习惯之后，体脂率会明显下降。只是改变每天的饮食，曾经凸出的肚腩也不可思议地消失了。

告别了曾经最喜欢的拉面和意大利面。据教练所说，比萨和意大利面、拉面、面包全都不可以吃，这些都是导致发胖的根本原因。

于是从那之后基本上碳水化合物就只有米饭。如果店里有杂粮饭和糙米饭，会换成这些。而且为了更易于增加肌肉，饭量也会比一般人更少。

有些人不吃碳水化合物就会觉得好像没吃饭，推荐这些人把这份对碳水化合物的渴望换成肉，这样一来减肥也不会那么辛苦。

实际尝试之后发现，并不是只吃蔬菜，完全不吃米饭，只是要减少米饭的量，可以吃烤肉或烤鸡肉，并不会很辛苦。如果自己喜欢的话，也可以吃烤鱼或生鱼片。

有句话说"能力强的职场人士爱吃烤肉"，不要吃米饭或面类、肉饼套餐，"吃烤肉"对于更好地工作也许是很重要的。

聚会喝酒后的第二天怎样减轻对身体的伤害

接下来说的是聚会喝酒的问题。专业的教练告诉过我要尽可能避免喝啤酒，因为它太容易发胖了。

更应该避免的是发泡酒和新型酒，据说最好还是不要喝，因此我一点都不会碰。

相反，柠檬鸡尾酒、威士忌苏打和绿茶威士忌等可以喝一些。

但是酒喝多了还是会影响到第二天的状态，导致无法很好地发挥工作能力，因此严禁饮酒至深夜。

即便如此，有时还是会遇到不得不喝酒的情况。此时我会准备秘密武器，"Yunker 皇帝液"。

像送别会或项目结束会、和同学通宵喝酒等一定会开怀畅饮的场合，都会在喝酒之前喝一瓶"Yunker 皇帝液"。基本上在喝酒之前就可以。如果喝完酒后感觉可能会宿醉，还会在酒后再喝一瓶 Yunker。

虽然一瓶 2000 日元有些贵，但是在关键时刻很管用。所以会一次性购买很多，价格也有优惠，常备起来还是很有效率的。

除此之外，还有一个好办法，喝下与酒一样多的水，也很有效。喝下一瓶啤酒，再喝下等量的水，这样做应该不会宿醉。顺便说一下，如果"Yunker 皇帝液"和"喝等量的水"两种方法一起用，第二天应该不会有问题。

另外，我常备的还有"屋久岛产春姜黄片"。2000 日元听起来很贵，但有 300 粒，算起来非常划算。这个平时放在包里也不会太重，量也很大，可以用很长时间。

最后，在聚会喝酒时就算注意饮食效果可能也不理想，因此，可以的话最好在聚会喝酒之前吃完饭。

只要按部就班去做，一定可以改变饮食习惯

那么，是不是所有人都能够马上模仿我，选择相同的饮食呢？对于一直按照自己的喜好吃东西的人来说，应该是很难的。

我也是如此，曾经那么喜欢拉面，如果突然从今天开始不吃拉面也是很难做到的。

当时教练给我的建议是先从拉面变成乌冬面。当完全变成乌冬面之后，接下来变成荞麦面。我当时并不是很喜欢荞麦面，但是托教练的福，现在非常喜欢荞麦面。也就是说，味觉是可以通过习惯改变的。

饮料也是一样的道理。我以前非常喜欢可乐、奶茶和咖啡拿铁等甜的饮料。改变习惯之前，每天都会喝两三盒立顿奶茶，而且每次出新口味时都要马上买来尝尝。葡萄味、桃味，都是甜的。现在回想起来，还真是佩服自己能喝得下去，而且过度摄取了可能损伤大脑的糖分。

饮料也很难一下子从甜品换成水。因此可以从奶茶换成纯红茶，然后是茶、水，循序渐进。

如此一来，我从最初的吃饭时需要添饭，吃拉面时需要添面，喜欢炸猪排、油炸食品、肉饼，慢慢得到了改善。现在主要吃荞麦面，有时会不吃米饭只喝水，养成了重视状态的生活习惯，而且并没有觉得很难受。

调整饮食和注重运动带来的好处不仅是增长了肌肉，保持住了体力，外表也发生了很大变化。经常有人说我比以前年轻了，仅仅是干练的外表就可以给人工作能力很强的感觉，因此这也是工作中需要注意的重要方面之一。

无论是谁，只要想改变，都可以实现。所以一定要让自己去尝试。

最简单的方法就是养成习惯。如果之前会吃很多不同种类的食物，现在可以缩小范围到只吃"荞麦面和炭烧醪糟鸡肉套餐"。

第 14 天　使沟通效果最大化

⏰ 通过打造个人品牌吸引粉丝

　　做工作必须调整好状态，除此之外还应尽可能加上锻炼沟通能力。如果想成为一流人才，这是必不可少的。

　　如果只是拼命地做眼前的工作，未必就能够尽快完成工作，取得好的成果。正如第 8 天中所介绍的，工作要由团队来完成。因此，无论自己多么超高效率地完成了工作，如果与上司或下属沟通不畅，工作还是会停滞不前。

　　最终能否在工作中有效率地取得成果要看个人的综合能力。例如，与上司之间的沟通顺畅、午餐或聚会喝酒时总是能够抓住关键问题、衣装干净整洁、让人有好感……可能有些出人意料，但是周围的人会关注这些工作以外的部分。

从这个意义上来说，工作状态固然重要，而磨炼自己的个性或许才是获得超越他人取得成果的关键。

如果某个人兴趣爱好广泛、是个万事通，那么大家都会重视他。

可以努力成为这样全能的人。至少要有与众不同之处，这样就可以与他人有所区别。说得简单一些，就是"打造自我品牌"。

如果你某方面有专长或者懂得多，别人就会觉得你具有与众不同的魅力。

我自己在会计师事务所工作时对上司的一句话——"<u>吸引粉丝</u>"印象深刻。

不仅是公司内，在公司外的业界、工作以外的社团中，如果有了自己的粉丝，就会慢慢得到大家的肯定。

只要是自己擅长的领域就可以。知道很多好吃的无座荞麦面店、到目前为止已经读过 1000 本以上的漫画等等都可以，总之要有自己的特色。

如果能够像这样做到其他人无法模仿、做不到的事情，很多时候工作中也会获得加分。

能够轻松掌握的一技之长是什么

虽说如此,也有人会觉得自己没有什么特别擅长的东西,只懂点皮毛,谈不上一技之长……对自己的兴趣或擅长的领域没有自信。

对于这样的人,只要从现在开始掌握一些别人没有做的事情就可以了。

哪有那么轻松就能够掌握的?没关系。有很多可以轻松掌握的一技之长。

例如,我推荐魔术。

我自己也会几种扑克牌或占卜之类的魔术,这是以往学习过的东西中感觉最好的。原因在于魔术非常容易学会,而且对沟通十分有效。

我并没有向真人学习,而是从很方便的网络服务网站学到的。注册之后,花费1小时5000日元左右,学习到了扑克牌的魔术、手相等。

学习魔术,大约上四次一个小时的课程之后,就可以达到让一般人惊讶的水平，"怎么可能？！好厉害！"。

更简单的魔术可能 30 分钟甚至 10 分钟就可以学会。练习几个魔术，你就足以成为"会魔术的人"。

我经常会随身带着扑克牌，如果某个场合有很多人是初次见面，经常会表演几个魔术，而且几乎每次都会让大家感到惊奇，"咦，不会吧？！""怎么回事啊？"。人们就会自然地聚到我身边，自己就成了焦点，之后的沟通也会更顺利。

而实际上这些魔术远比做出美味的肉酱意面更加简单，只能算是咖喱饭的初级程度。基本上是只要做一次就可以记住、用手头的食材就可以完成的水平。

学习人们喜欢的一技之长可以实现差异化

那为什么如此简单的事情却会让大家称赞"厉害"呢？这是因为错觉。因为平时身边没有人会魔术，所以看起来很厉害。

同样，世界上有很多仅仅因为大家都没有去做就误认为厉害，实际上却非常简单的技能。

前文为你介绍的快捷键也是如此，只要想学习，大家都可以做到，却因做到的人很少，所以职场当中能做到的人看起来工作能力很强。

虽说要掌握能够与他人拉开差距的技能，但他人已经非常擅长的技能，大家都能做到的事情，无论多么努力也很难超越，这是事实。例如，希望自己英语突出，而英语是大家从初中开始就学习的，还有海归的子女，工作中很多人都能运用自如。

在这种情况下锻炼英语能力，希望与他人拉开差距，达到令一般人惊讶的程度需要相当长的时间。

如果要学习外语，可以学点泰语并且能够说出来。即使是简单的三两句，也会让周围的人佩服。

另外，我推荐的一技之长大都是可以使人兴奋、惊讶的，或者能够让对方高兴、感到有好处的。

从这一点来看，魔术或看手相等占卜、解决烦恼的一技之长可以让周围的人兴奋或者高兴，学会这些肯定有益无害。

此外，相比只有自己擅长的一技之长，例如，做得一手好菜，知道好吃的餐馆更能取悦周围的人。因此，相比上料理课提高烹饪技术，了解哪家餐馆价廉物美、哪家餐馆环境幽雅会更有效果。

在工作以外的范畴不露痕迹地沟通虽然有些难，但是如果有了这样的兴趣和一技之长的话就会变得简单。面对难缠的上司或重要的客户时也可以瞬间打破僵局。而且相比提高英语或高尔夫技巧来说要简单得多，又能够给对方留下深刻的印象，这一点很让人欣慰。

没有时间和经济条件学习魔术或看手相时，也可以在YouTube上观看视频学习。掌握方法之后多多练习，在和朋友吃饭时尝试给他们展示。失败也没有关系，多尝试总会掌握。一旦掌握之后，身体就会形成记忆，即便不再经常练习，也可以在关键时刻顺利展示。

任何人都能立即对好吃的餐馆如数家珍

如果一个人无法与周围的人很好地沟通，很容易给支配状态的大脑、内心以及身体等方面带来负面影响。

与家人关系不好、与同事关系紧张、无法对上司敞开心扉……内心因为这些而无法平静，不能充分发挥出自己的实力。

所以，一定要将保持良好的人际关系视为顺利开展工作的重要因素，而保持良好的人际关系其实非常简单。

如果人际关系有问题，大多数情况下都是因为缺少沟通。因此可以在私下创造机会多交流，具体做法就是一起吃饭、聊天，如此一来自然而然就促进了关系发展。

此时，能够用到的比较有效率的方法是了解哪些餐馆好吃。我推荐的是注册成为"Tabelog"（日本的美食点评网站）的会员，这样上手最快。

成为会员之后，可以根据当前地点按照评价从高到低的顺序显示排名，如果有人问你附近有没有好吃的餐馆，可以马上回答他有家店不错，或者问他是否需要你帮忙预订。

每月400日元，平均每天只需花费13日元。这样就可以在午餐时邀请别人到平时不去的餐馆，新员工也有把握组织聚餐。

知道上司喜欢拉面、咖喱，告诉他哪家餐馆好吃可以让他很高兴，也可以约他一起去吃，拉近私人关系。

同事或后辈都会羡慕你对好吃的餐馆如数家珍，聚会的时候也会征求你的意见。这样一来，不仅更加容易沟通，而且你在公司的评价也会变得很高。

怎样成为深受好评的职场人士

真正好吃的餐馆需要自己不断尝试，或者请教值得信赖的人才能够知道。实际上就算有这样的经济条件，真正如此讲究饮食的人还是很少的。

因此，在 Tabelog 上搜索是很有效率的。也许有人会有不同的意见。不过从我的亲身经历来说，在这里评价很高的餐馆真的是价廉物美，性价比颇高。如果不放心，可以查看一下是否有很多点评。如果点评超过 100 条，应该是一家相当可靠的餐馆。

如果是公司员工，在选择餐馆时不仅要考虑味道，很多时候还要考虑价格区间、地点和距离远近等。在 Tabelog 上可以根据这些条件进行搜索，这一点非常方便。这种"搜索能力"也是很重要的工作技能。

而且，拥有享用美食这样纯粹享受人生的时间可能也是让自己保持干劲儿的一个秘诀。

我发现很多成功人士会预约半年以后去评价很高的寿司店就餐。这些特别的餐馆人气很高，不是可以随时去的，于是预约到三个月到半年之后。在去这些餐馆时预约下一次就餐的时间，然后期待着数月之后再次就餐的同时努力工作，这样也会让人更有干劲儿。

不仅仅要在工作上努力，通常来说能够张弛有度的人更容易取得成果。可以尝试完全彻底的享受方式，例如周末的时候，周六花费一整天的时间来学习，周日花三个小时去吃美味的烤肉。

一流人才觉得应该把钱花在"体验"上，而不是实物上。即使支付的金额超出了自身的承受能力，也要创造出时间体验高品质的生活，这一点非常重要。体验中当然也包括学习。在学习上的花费可以说是自我投资，体验也是对自己的投资。我认为无论是有钱还是没钱，对自己投资得越多，越能够有效率地成长进步。

因此，省下打发时间、娱乐或为暂时的快乐而花费的时间和金钱，多把这些时间和金钱投入到书籍、研讨会、学习会或交流会等提高自我技能所需要的事物上。这样一来，周围人对自己的评价自然而然地就会提高。

本书介绍的内容对于职场人士来说一定会有帮助，因此请一定在两周之后养成习惯，并重复、坚持下去。

祝愿大家通过本书的介绍，成为以花费最少的时间和精力获得最多成果的人。

结　语

近年来，我们生活环境的方方面面都在发生着变化，速度之快远远超乎我们的想象。现在大家所熟知的 LINE、YouTube、Facebook、Instagram（一款社交应用）、Twitter（推特）都出现于最近 10 年。而在未来的 10 年，随着人工智能和 IoT（Internet of Things：物联网）等技术的发展，目前尚处于开发阶段的新技术将投入使用，我们的工作方式也会因此发生改变。

例如，如果"自动驾驶"技术投入使用，出租车和卡车可能会进入无人驾驶时代。还有人预测随着人工智能的发展，所有工作都可能被人工智能取代。

为了应对这些在不久的将来可能会出现的巨大变化，也许需要重新审视"为了赚钱而工作"的这种工作方式是否存在问题。

金钱是我们生活所需的重要因素，这是不争的事实。但是，这里我想表达的是希望大家能够对"固有的常识"持怀疑的态度。

如果大家想做到这一点，在阅读完本书之后一定要完成一件事情。就是认真计算一下你现在的小时工资是多少，然后养成以小时工资思维思考的习惯，将其作为判断标准。

下面这句名言说明了时间的宝贵：

"敢于浪费自己生命中一小时的人，尚未发现生命的价值。"

——查尔斯·达尔文

我认为这句话正是告诉我们"无法以小时工资思维思考的人正在浪费人生"。

查尔斯·达尔文是英国的自然科学家，著有《物种起源》，提出了进化论。

于是我有了这样的想法：

"人类想要进化，小时工资思维非常重要，浪费时间就等于退化。"

想要做到不浪费时间，有几个问题希望大家能够认真思考：

最近有哪些事情让你感到幸福和喜悦？

是不是意外地发现金钱并不能买到一切？

如果你的答案是肯定的话，那么就需要改变为了赚钱而工作的想法。

那么，我们究竟应该如何工作呢？

首先，如果现在的工作方式与自己的期望不符，就应该以此为契机，认真地思考自己的未来。

如果工作的时候总在烦恼工资低、工作没有意义，不知道是否应该继续，这是对时间的浪费。我并不是让大家无视所有的不安情绪，而是希望大家能够正视问题，现在立即去探索适合自己的工作方式，优先处理自己在意的事情。

如果是消极地认为，反正自己工作了，与蒙上双眼生活并没有两样。请尽快意识到你的面前有着无限的可能和选择。

而且我还希望大家能够将评价工作方式的重点放在能否通过工作积累丰富的经验上，而不是只考虑如何赚钱。请暂且把"能够过上平均水平的生活"和"希望获得与年龄相符的平均年收入"之类的想法放在一边，用自己的双手创造自己的人生，下定决心，负责任地生活下去。为了能够做出明智的选择，希望大家可以利用本书中介绍的效率化优势，找回属于自己的时间。

我们并不是公司的齿轮，完全没有必要为了组织而牺牲自己，拼尽全力。

我们是人，而不是机器，行动时要带着人类特有的意志。意志足够坚定的话，在一定程度上可以控制欲望和行为，最终实现飞跃性的成长。

思维改变则行为改变。

行为改变则习惯改变。

习惯改变则结果改变。

结果改变则未来改变。

衷心期望你能够迈出改变自己未来的第一步，有一天与我面对面。

谢谢大家！

金川显教

2017 年 5 月